Niki Lauda
Die neue Formel 1

Das Turbo-Zeitalter
Technik und Praxis des Grand-Prix-Sports - 2

In Zusammenarbeit mit
Dipl.-Ing. Dr. Fritz Indra
und Herbert Völker

VERLAG ORAC WIEN
MOTORBUCH VERLAG STUTTGART

Fotonachweis
Alois Hans Rottensteiner (62)
Thomas Streimelweger (38)
Fritz Indra (10), DPPI (6), Bernard Cahier (3), Jutta Fausel (2), Josef Reinhard (2), Walter Wachter (1), Chiel van der Heyden (1), Jeff Hutchinson (1), Keith Sutton (1).
Werksfotos: Renault (5), BMW (4), Martini (3), Talbot (2), Ford (1), Bilstein (1), Toyota (1), KKK (1), Marlboro (1).

Graphik: Renato Zappella

Graphik des Schutzumschlags: Bronislaw Zelek
Titelbild: Werksfoto BMW

ISBN 3-85368-910-8

1. Auflage 1982

Gesamtherstellung: Wiener Verlag, Wien

Niki Lauda

Die neue Formel 1

Inhalt

Vorwort

In meinem ersten Buch – „Formel 1“ – wurden vor sieben Jahren die technischen Grundlagen dieses Sports beschrieben und die Gesetzmäßigkeiten erklärt, nach denen alles funktioniert und wie es sich unter den Belastungen der Praxis darstellt. „Formel 1“ war weltweit sehr erfolgreich, und alle Beteiligten hatten das Gefühl, daß für lange Zeit alles Wesentliche gesagt sei. Das war ein Irrtum. Natürlich haben sich in ein paar Jahren nicht die Grundgesetze der Physik verändert, aber manche von ihnen sind überlistet und regelrecht verbogen worden. Die technische Landschaft der Formel 1 sieht heute jedenfalls ganz anders als 1975 aus, nicht unbedingt schöner, aber aufregender. Das Leben mit den neuen Autos ist schwieriger und komplizierter, und es hat sicherlich noch keine Epoche des Rennsports gegeben, wo derart intensiv an der Technik getüftelt wurde. Dies zu beschreiben und die Hintergründe zu erklären, ist die Aufgabe dieses zweiten Bandes.

Niki Lauda

Persönliches

Niki Lauda im Gespräch mit Herbert Völker

VÖLKER: Sieben Jahre seit deinem ersten Buch über die Formel-1-Technik. Jetzt schreiben wir das Gegenteil von damals: Wahr ist vielmehr . . .
LAUDA: Das nenn ich Fortschritt.
VÖLKER: Kann man sagen, daß ein riesiges Geschäfts-, Show- und Sportunternehmen, wie es die Formel 1 nun einmal ist, durch einen einzigen Trick – Schaffung von Unterdruck – auf den Kopf gestellt worden ist?
LAUDA: Kraß formuliert, im Grund richtig. Die Hintergründe werden ja sehr ausführlich in diesem Buch erklärt.
VÖLKER: Hast du so etwas wie Heimweh nach den guten alten Zeiten – ohne Turbos, ohne malträtierte Physik?
LAUDA: Blödsinn. Die alte Zeit interessiert mich nicht, hat mich auch noch nie interessiert. Ob sie besser oder schlechter war, das ist kein Thema. Nur Heute und Morgen, das zählt.
VÖLKER: Und die alten Siege, zählen die auch nichts?
LAUDA: Null. Der nächste Sieg, auf den kommt's an.
VÖLKER: Aber du kannst doch immerhin sagen, welches der schönste, der wichtigste Sieg war?
LAUDA: Jeweils der letzte.
VÖLKER: Wird alles in deiner Erinnerung so glattgewalzt? Auch die Unfälle, auch Nürburgring 1976?
LAUDA: Klar.
VÖLKER: Immerhin wirst du jedes Mal, wenn du dich in den Spiegel schaust, daran erinnert.
LAUDA: Nein, das ist eben mein neues Gesicht, das erinnert mich an gar nichts. Ich sehe höchstens in der Früh, daß ich zuwenig geschlafen habe, dann ärgere ich mich. Sonst sehe ich da nichts. Andernfalls hätte ich mir ja eine kosmetische Operation machen lassen können. Als bald nach dem Unfall eine Hautoperation in Augennähe nötig war, habe ich gleich einen Kostenvoranschlag für alle übrigen Modifikationen bekommen: Frische Wimpern, Haare einsetzen, ein neues Ohr und so weiter. Erstens war das teuer, zweitens war der Erfolg nicht garantiert, drittens ist alles okay mit meinem Gesicht. Das fast fehlende Ohr ist mir niemals abgegangen,

Es hat mich sehr irritiert, wie die Ferrari bei den Unfällen von Villeneuve und Pironi in der Mitte auseinandergebrochen sind. Von meinem McLaren würde ich in ähnlichen Fällen einen besseren Schutz des Fahrers erwarten.

im Gegenteil, ich kann jetzt besser telefonieren. Die Telefonmuschel liegt näher beim Trommelfell, das ist bei Ferngesprächen sehr angenehm.

VÖLKER: Enzo Ferrari hat gesagt, du wärest heute der erfolgreichste Autorennfahrer aller Zeiten, wenn du bei Ferrari geblieben wärest. So bist du nur die Nummer vier – hinter Jackie Stewart, Jim Clark und Juan Manuel Fangio.

LAUDA: Erstens halte ich von solchen Statistiken überhaupt nichts, weil sich die Zeiten nicht vergleichen lassen. Zu Fangios Zeiten gab es sieben oder acht Grands Prix pro Jahr, heute haben wir die Inflation mit sechzehn Rennen. Und was Enzo Ferrari damit ausdrücken will, ist, daß Ferrari die besten Autos baut.

VÖLKER: Stimmt doch, oder?

LAUDA: Es hat mich sehr irritiert, wie die Ferrari bei den Unfällen von Villeneuve und Pironi in der Mitte auseinandergebrochen sind. Von meinem McLaren würde ich in ähnlichen Fällen einen besseren Schutz des Fahrers erwarten. Aber davon abgesehen: Die Ferrari waren im Verlauf der Jahre fast immer Spitzenautos, und sie sind es auch heute. Zum Zeitpunkt dieses Gesprächs – Herbst 1982 – baut Ferrari auf jeden Fall den besten Motor, vielleicht auch gesamthaft das beste Auto.

VÖLKER: Als du 1977, nach deinem zweiten Weltmeistertitel, Ferrari verlassen hast, gab es harte Worte auf beiden Seiten. Eure Partnerschaft ist weithin hörbar zerbrochen, Enzo Ferrari hat sich sehr über dich beklagt, und du hast dem alten Herrn etliches an den Kopf geworfen. Seid ihr wieder klar gekommen? Ist alles vergeben und vergessen?

LAUDA: Völlig. Nur das Schöne aus dieser Zeit ist noch greifbar. Ferrari ist ein großer alter Mann, und man muß ihm einsame Wege zubilligen. Das tue ich heute, anders als damals. Genauso hat er seine Liebe zu mir wiederentdeckt. Jedenfalls war es sehr schön, als ich ihn 1982 in Imola nach Jahren zum ersten Mal wiedersah und er mich sofort umarmte. Ich war sehr glücklich, daß er mich begrüßt hat wie einen verlorenen Sohn.

VÖLKER: Für deine Verhältnisse ist das ja der Gipfel der Rührseligkeit. Warum hast du dann eigentlich im Sommer 1982 das konkrete Angebot abgeschlagen, zu Ferrari zurückzugehen?
LAUDA: Ferrari zahlt miserable Gagen. Das habe ich seinerzeit akzeptiert, tue es aber heute nicht mehr. So billig bin ich einfach nicht mehr zu haben. Außerdem reizt mich bei McLaren die Aufgabe, mit dem völlig neuen Porschemotor komplett von vorn anzufangen. Dafür bin ich der richtige Mann, und das würde ich gern zeigen.
VÖLKER: Hast du in den zwei Jahren des Zivillebens zwischen Rücktritt und Comeback irgendwas erlebt oder gelernt, was neu oder wichtig für dich war?
LAUDA: Ja. Ich war ja nie etwas anderes gewesen als Rennfahrer, seit ich die Schule verließ. Dadurch habe ich immer ein extremes Leben geführt. Ende 1979, als ich mit dem Rennfahren Schluß machte, weil es mir einfach auf die Nerven gegangen ist, habe ich mich mit aller Kraft auf ein neues Ziel gestürzt, das war der Aufbau der Lauda Air. Da habe ich gemerkt, wie es ist, von vielen Menschen abhängig zu sein. Die Räder der normalen Gesellschaft drehen sich langsam, und darauf muß ich meine Geschwindigkeit reduzieren. In dieser extremen Wettbewerbsgesellschaft, wie sie der Formel-1-Zirkus ist, kann man mit Einsatz und Motivation gigantisch viel erreichen. Man hat nur mit Leuten zu tun, die auf *competition* ausgerichtet sind und auf die gleiche Art denken und kämpfen und arbeiten wie man selbst. Und wenn du in der Nacht eine Idee hast, setzt du sie am Morgen um. Der Mann draußen kapiert aber gar nicht, daß er jetzt mit einem Schlag alles umreißen könnte, sondern er bleibt in seinem Trott, wie er es immer getan hat. Er hat nicht jede Woche eine Zielflagge vor sich, bei der abgerechnet wird. Er sieht vielleicht überhaupt keine Zielflagge in seinem ganzen Leben.
VÖLKER: Mit der Lauda Air wirst du vielleicht auch keine Zielflagge sehen. Irritiert es dich, daß du zum ersten Mal in deinem Leben etwas nicht erreichst, das du dir vorgenommen hast?
LAUDA: So sehe ich es nicht. Ich bin in die denkbar schlechteste Zeit für Charterfliegerei geraten, das war auf der ganzen Welt das gleiche, und ich habe sicherlich nicht damit gerechnet, mit welcher Härte ein Privater im Fluggeschäft von den staatlichen Monopolgesellschaften unterdrückt wird – auch wenn er einer direkten Konkurrenz weit aus dem Weg geht, wie ich es ja getan habe. Unter diesen Umständen ist das Chartergeschäft in Österreich nicht zu halten. Die Lauda Air soll verkleinert werden und den jetzt schon gutgehenden Bereich der Executive-Jet-Fliegerei ausbauen.
VÖLKER: Und das Fliegen selbst? Es gab ja nichts Schöneres auf der Welt für dich. Was ist von dieser maßlosen Begeisterung geblieben?
LAUDA: Nicht allzuviel. Ich bin nach wie vor Pilot und es macht mir durchaus

Es war demütigend, wieder in einem Formel-1-Auto zu sitzen. Nach einer Runde konnte ich das Lenkrad kaum noch halten. Nie bin ich so oft an die Box gefahren, immer mit einer anderen Ausrede, daß dies oder jenes am Auto zu verstellen sei.

Spaß, etwa eine Mystère zu fliegen, was ich auch häufig tue. Aber die Faszination ist weg. Pilotsein ist ein sehr nüchterner Beruf, und manchmal werden die Fähigkeiten überschätzt, die man dazu braucht. Die Erfüllung fürs Leben, die ich mir davon erwartet habe, kann es für mich nicht mehr werden.

VÖLKER: Bist du eines Morgens aufgewacht und hast gespürt: Jetzt will ich wieder Rennen fahren?

LAUDA: Nein, das ist langsam gegangen, etwa in dem Maß, in dem ich eingesehen habe, daß Fliegen nicht das einzig wahre Superding auf der Welt ist. 1980, also im ersten Jahr nach dem Rücktritt, habe ich mich absolut null für Rennen interessiert, ich hab nicht einmal den Fernseher aufgedreht. Im zweiten Jahr haben mich immerhin die Übertragungen schon interessiert, aber es war immer noch das Gefühl da: Diese armen Schweine, die da jetzt fahren müssen. Beim Grand Prix von Österreich 1981, den ich fürs Fernsehen kommentiert habe, habe ich dieses ungute Gefühl zum ersten Mal nimmer verspürt, im Gegenteil, der Gedanke des Selbst-Dabeiseins gefiel mir ganz gut. Da war ich alarmiert und bin privat nach Monza gefahren, um dieses Gefühl zu überprüfen. Auch Monza war positiv. Daraufhin wollte ich probieren, selbst zu fahren. Das war in Donington im September 1981.

VÖLKER: War es erhebend, wieder einmal in einem Formel-1-Auto zu sitzen?

LAUDA: Es war demütigend. Nach einer Runde konnte ich das Lenkrad kaum noch halten. Ich bin noch nie an einem Tag so oft an die Box gefahren, immer mit einer anderen Ausrede, daß dies oder jenes am Auto zu richten oder zu verstellen sei. Ich konnte ja schlecht sagen: Meine Herren, ich bin völlig am Sand. Gegen Abend ging es dann besser, und ich sah, daß ich mit der Geschwindigkeit keine Probleme haben würde. Wegen der Kraft machte ich mir keine Sorgen, die würde bei entsprechendem Training wiederkommen. Willi Dungl hat mir dann sofort ein Aufbauprogramm ausgearbeitet, und vor dem ersten Rennen war ich wieder in Top-Verfassung.

VÖLKER: War McLaren als einziges Team an einem rückkehrenden Lauda interessiert?

LAUDA: Zum Glück auch Williams, sonst hätte man meinen Preis wohl ordentlich gedrückt.

VÖLKER: Es gehörte aber viel Vertrauen dazu, von dir nach der Pause wieder Spitzenleistungen zu erwarten.

LAUDA: So toll war das Vertrauen ohnehin nicht. Ich mußte einen Vertrag akzeptieren, der nach jeweils vier Rennen kündbar war, mit anteiliger Gage. Solche Verträge sind natürlich hart, aber es blieb mir nicht viel anderes übrig.

VÖLKER: Hast du dein Comeback mit deiner Frau abgesprochen oder hast du einfach eines Tages gesagt: Du, übrigens, ich fahre wieder Rennen?

LAUDA: Es kam völlig überraschend für sie. Zuerst habe ich ihr gesagt, die ganzen Comeback-Gerüchte seien nicht wahr. Das hat sie gern geglaubt, weil sie ja weiß, wieviel Unsinn in den Zeitungen steht. Dann, als mein Vertrag fix war, habe ich es ihr gesagt. Marlene hat nur geantwortet: Du spinnst. Erst ein paar Tage später ist es ihr rausgestoßen, wie sehr sie diesen Sport haßt und wie blöd sie es findet, daß ich wieder fahre.

VÖLKER: Bei eurer Heirat 1976 hatte sie aber eine durchaus positive Einstellung zum Rennsport.

LAUDA: Ja, sie hat nur das Gute daran gesehen. Aber gleich ein paar Wochen später kam der Nürburgring mit Feuer und Intensivstation und allem Schrecklichen, das dieser Sport auf Lager hat. Es war für sie ein unendlich größerer Schock als für mich. Ich war darauf vorbereitet gewesen, sie nicht. Sie hat mich später nur noch zu ganz wenigen Rennen begleitet und tut es jetzt überhaupt nicht mehr. Nur ein abgesagtes Rennen ist ein gutes Rennen für sie.

VÖLKER: Belastet dich das?

LAUDA: Natürlich wäre mir lieber, wenn meine Frau meinen Beruf freundlicher sähe. Ein paar Tage nach ihrer ersten Reaktion auf mein Comeback hatten wir eine Art Grundsatzgespräch: Muß ein Mann sich auf Grund seiner Ehe so weit einschränken, daß er auf das verzichtet, was er am liebsten tun möchte? Ich konnte Marlene überzeugen, daß jeder seine Freiheit braucht. Wenn sie auf den Mont Blanc steigen will, hat sie die Freiheit, es zu tun . . . allerdings nicht während ich Rennen fahre, das wäre unverantwortlich gegenüber den Kindern.

VÖLKER: Du hast also automatischen Vorrang.

LAUDA: Derzeit hat der Rennsport Vorrang. Rennfahren ist nur dann möglich, wenn man ihm alles unterordnet. Aber damit will ich nicht beschönigen, daß ich ein schrecklicher Egozentriker bin. Immerhin bin ich mir dessen bewußt und suche nach Kompromissen, vor allem, was meine Familie betrifft.

VÖLKER: Kann man soweit verallgemeinern: „Jeder gute Rennfahrer muß wohl

Bei der früheren Autogeneration konnte man durch einen Abstimmungsfehler vielleicht eine halbe Sekunde pro Runde verlieren – heute können gleich drei Sekunden beim Teufel sein.

Egozentriker sein. Wer nicht ein gewisses Maß an Rücksichtslosigkeit aufbringt, kommt niemals rauf"?

LAUDA: Ja. Jeder schaut nur auf sich, da sind alle gleich. Wer Rücksicht nimmt, bleibt übrig.

VÖLKER: Es scheint auch keine Freundschaften unter den Piloten zu geben. Und die Fahrer eines gleichen Teams haben einander wohl auch nicht viel zu sagen.

LAUDA: Stimmt. Dieser Haufen ist ja nicht einmal in der Lage, sich für die elementarsten gemeinsamen Aktionen zu solidarisieren.

VÖLKER: Wie hast du die neue Formel 1 bei deiner Rückkehr vorgefunden?

LAUDA: Die gleichen Gesichter . . .

VÖLKER: Also die Fadesse des Allzu-lang-Gehabten?

LAUDA: Nein, nein, überhaupt nicht. Der Zirkus hat sich nicht geändert, aber ich habe mich geändert. Ich hatte wieder eine positive Einstellung, war wieder motiviert.

VÖLKER: Wieso auf einmal?

LAUDA: Kann ich nicht sagen. Es machte mir einfach wieder Spaß. Und zwar soviel Spaß, daß ich mich auch für Dinge motivieren konnte, die ich eigentlich nicht so toll finde.

VÖLKER: Zum Beispiel?

LAUDA: Wenn ich nach Imola zum Testen komme und die ganze Strecke ist so uneben, daß der kaum gefederte Wagen herumspringt wie ein Geißbock, dann denke ich: Hab ich es wirklich nötig, mir einen solchen Blödsinn anzutun? Aber dank der positiven Grundeinstellung kann ich mir dann schon vorschreiben: Das ist wichtig, das gehört dazu, du mußt jetzt deine Leistung bringen. Die reine Vollgas-Athletik wird mit zunehmendem Alter auch nicht gerade einfacher. Das ist keine Frage des Könnens oder des Muts, sondern der geistigen Bremsen. Wenn es nicht gelingt, diese *mental brakes* zu lösen, kann man das Rennfahren sofort aufgeben. Vor meinem Comeback war ich nicht hundertprozentig überzeugt, ob es mir gelingen würde. Es fällt mir nicht leicht, aber bis jetzt habe ich mich noch jedesmal dazu motivieren können.

VÖLKER: Durch die Saugwirkung der jetzigen Formel-1-Autos sieht es aus, als würden die Autos wie auf Schienen um die Ecken fahren. Ist die Rolle des Fahrers, des Chauffeurs, gegenüber früher weniger bedeutend geworden? Ist der Stellenwert der Technik auf Kosten des Fahrers gestiegen?

LAUDA: Im Gegenteil. Die Autos sind durch die aerodynamische Ausbildung viel komplizierter geworden, weil mehrere Faktoren einander überlagern, die nur sehr schwierig einzeln herauszulösen sind, so daß der Fahrer cleverer als früher sein muß, und auch härter arbeiten muß, um dem Konstrukteur sinnvolle Aufschlüsse geben zu können. Früher war das Testen ein ziemlich klarer empirischer Vorgang, heute kann es passieren, daß ein Unterschied von einem Millimeter in der Federhöhe zwar nicht das Fahrwerk, dafür aber die Aerodynamik und damit die mögliche Kurvengeschwindigkeit beeinflußt. Bei der früheren Autogeneration konnte man durch einen Abstimmungsfehler vielleicht eine halbe Sekunde pro Runde verlieren – heute können gleich drei Sekunden beim Teufel sein. Simpel gesagt, das ganze Auto ist eine aerodynamische Fläche und reagiert unheimlich sensibel auf kleinste Einflüsse.

VÖLKER: Und welchen Stellenwert hat das schiere Gasgeben?

LAUDA: Den gleichen wie immer. Es ist ganz einfach: Du mußt am Limit fahren. Bloß war der Grenzbereich früher breiter, man konnte das Limit leichter erkennen, weil es sich durch Rutschen angekündigt hat. Heute gibt es keinen Übergang durch Rutschen, es gibt nur Fahren oder Fliegen. Natürlich hat es für die Zuschauer besser ausgesehen, wenn die Autos gedriftet und mit wilden Schlenkern über die Bordsteine gesprungen sind. Das Limit liegt jetzt in einer anderen Gegend der Physik, und rund zehn Leute sind fähig und erfahren genug, sich denkbar knapp unterhalb dieses Limits zu bewegen ohne rauszufliegen. Man kann sagen, daß diese zehn Fahrer – vielleicht sind es auch neun oder zwölf – gleich schnell sind . . . *über* dem Limit kann keiner fahren. Klar, daß diese Spitzenfahrer auch den enorm gestiegenen physischen Anforderungen gleichermaßen gewachsen sind: Wegen der Saugwirkung erfordert die Lenkung viel mehr Kraft als früher, und wegen der ungleich höheren Kurvengeschwindigkeiten sind die auf den Fahrer einwirkenden Fliehkräfte unglaublich hoch. Sein Geld hat man sich früher als Grand-Prix-Fahrer jedenfalls leichter verdient.

VÖLKER: Hat sich aus der neuen Art des Fahrens auch eine neue Art von Unfällen ergeben?

LAUDA: Ja, obwohl alle schweren Unfälle der Saison 1982 auf menschliche Fehler zurückzuführen waren. Aber der Background ist, daß der Geschwindigkeitsunterschied zwischen den Schnellen und den Langsamen so groß geworden ist, daß es bei

Ich fürchte, zwei Fehler pro Jahr gehören zum guten Durchschnitt. Zweimal in einer Saison rauszufliegen, ist zwar ärgerlich, aber normal, solang man's überlebt.

jedem Training und oft auch im Rennen zu haarigen Situationen kommt. Die Konstrukteure wollen uns immer einreden, die Autos seien jetzt sicherer geworden. Das stimmt, was die Tankanordnung und die Widerstandsfähigkeit unserer Überlebenszelle betrifft. Hätte ich heute einen Unfall wie 1976 am Nürburgring, würde wahrscheinlich überhaupt nichts passieren, der Wagen würde nicht Feuer fangen und ich bliebe völlig unverletzt. Außerdem sagen die Konstrukteure, daß die „aerodynamischen" Autos auf Grund des hohen Anpreßdrucks eine bessere Bremswirkung erzielen, man kann heute ein Auto viel schneller zum Stillstand bringen als früher. Das ist eine sehr trügerische Sache: Das Auto bremst nur dann gut, wenn sein aerodynamisches System voll intakt ist. Sobald hier eine Störung passiert – und fast jeder Unfall führt zu einer solchen Störung –, verliert der Wagen völlig die Haftung und steigt in die Luft wie eine Mystère. Die Unfälle von Villeneuve und Pironi haben das ja schrecklich deutlich gezeigt.

VÖLKER: Du hast 1982 zwei Fehler gemacht, die zu Unfällen führten: In Detroit beim versuchten Überholen von Rosberg und beim Hockenheim-Training, als du dich gedreht hast und mit vollem Hammer in die Fangzäune geflogen bist. Sind zwei Fehler pro Saison irritierend oder ist das normal?

LAUDA: Ich fürchte, das gehört zum guten Durchschnitt. Zumindest einmal bin ich in jedem Jahr meiner Karriere rausgeflogen, die ersten Jahre natürlich viel öfter. Zweimal in einer Saison rauszufliegen, ist zwar ärgerlich, aber normal, solang man's überlebt.

VÖLKER: Wenn man schon quasi von vornherein mit zwei Unfällen pro Saison rechnet, woher nimmt man dann die Lockerheit, den Dingen ins Auge zu blicken? Man kann ja wirklich nicht sagen, du hättest deswegen keine Angst, weil du zu unintelligent seiest und den Durchblick nicht hättest. Gibt es ein Rezept für das Beherrschen von Gefühlen, zum Beispiel Angst?

LAUDA: Wenn man wirklich Angst hat, nackte, panische Angst, ist man für diesen

Marlboro
UNIPART
Marlboro

22

Aufschlagseite des Farbteils:
John Watson, McLaren, Detroit.
Linke Seite:
Andrea de Cesaris, Alfa Romeo.
Oben: Elio de Angelis, Lotus.
Tom Byrne, Theodore.
Nächste Seite:
Nelson Piquet, Brabham-BMW

parmalat
Santal

Beruf einfach der falsche Mann. Wahrscheinlich ist diese Angst dann sogar begründet: Der Mann spürt, daß er nicht so souverän ist, wie er es sein sollte. Er ist fürs Rennfahren nicht geeignet. Es gibt aber noch Zwischenschattierungen, etwa: Ich wache am Morgen des Renntages auf und habe ein mulmiges Gefühl, so etwas kommt schon vor. Mein Rezept für solche Fälle ist die logische Ergründung der Ursache dieses unangenehmen Gefühls. Das gilt nicht nur für Angst, sondern für alle unangenehmen Stimmungen. Um beim Beispiel Angst zu bleiben: Ich suche einen ruhigen Platz, um nachzudenken. Wovor könnte ich Angst haben? Daß ich einen Fehler mache? Darauf gebe ich mir die Antwort: Nein, weil ich fühle mich dieser Aufgabe hundertprozentig gewachsen. Daß irgendwas am Auto brechen könnte? Antwort: Wenn ich nicht völliges Vertrauen in unseren Konstrukteur John Barnard und in den McLaren-Wagen hätte, dann wäre ich längst bei einem anderen Team. Nein, es wird nichts brechen. Oder fürchte ich vielleicht, daß ein anderer Fahrer einen Unfall verursacht? Darauf gebe ich mir die Antwort: Soundsovielen Leuten kann ich vertrauen, und wenn ich einem anderen in die Nähe komme, werde ich besonders aufpassen. Diese Erkenntnis müßte eigentlich genügen, um das mulmige Gefühl zum Verschwinden zu bringen.

VÖLKER: Darf man sich das wirklich so naiv vorstellen? Damit lassen sich die Probleme des Lebens lösen?

LAUDA: Nein. Es lassen sich nur sogenannte unerklärliche Gefühle oder Stimmungen damit wegbringen. Wenn mir bewußt ist, daß ich eigentlich ein schlechter Fahrer oder nicht ganz fit bin, werde ich Angst haben und diese Angst auch durch stundenlanges Nachdenken nicht wegbringen.

VÖLKER: Wie war das im sicherlich schwierigsten Moment deiner Karriere, als du zum ersten Mal nach dem schweren Unfall vom Nürburgring 1976 wieder in ein Rennauto gestiegen bist?

LAUDA: Das war sechs Wochen danach in Monza. Ich hatte panische Angst. Jene Art von Angst, daß du das Gefühl hast, du würdest dich im nächsten Moment anscheißen.

VÖLKER: Aber du hast doch den Helden gespielt. Du hast nie zugegeben, damals in Monza Angst gehabt zu haben.

LAUDA: Das ist doch klar. Hätte ich damals in die Fernsehkamera sagen sollen: Meine Herren, bitte entschuldigen Sie mich ein paar Minuten, denn ich habe so schreckliche Angst, daß ich nicht weiß, ob ich mich in der nächsten Minute anspeiben oder anscheißen werde – hätte ich das sagen sollen? In solchen Momenten sagt man halt irgendwas, was weiß ich, Auto übersteuert, aber ich fühle mich toll, und versucht, Zeit zu gewinnen, um mit sich selbst ins Reine zu kommen.

VÖLKER: Und wie ist dir das gelungen?

LAUDA: Auf die Art, die ich vorhin beschrieben habe. Ich habe mich einfach aus

800 oder 900 PS, das ergäbe Mord und Totschlag. Man wird die Turbos auf irgendeine Art limitieren müssen, aber nicht, um sie den Saugern anzugleichen, sondern bloß, um im Rahmen des Möglichen, des Machbaren zu bleiben.

dem hysterischen Trubel von Monza isoliert und in meinem Hotelzimmer nachzudenken begonnen: Was ist der Grund für meine Angst? Die Antwort war, daß ich an jenem Trainingstag rein handwerklich nicht in der Lage war, ein Formel-1-Auto zu beherrschen, ich habe falsch reagiert und mich benommen wie ein Anfänger. Dann habe ich die ganze Situation analysiert und festgestellt, daß ich in den sechs Wochen seit dem Unfall das Rennfahren sicherlich nicht verlernt habe, daß ich nur Sicherheit brauchte und daher langsam beginnen muß, ganz ruhig. Das habe ich am nächsten Tag auch gemacht, und als die Panik weg war, habe ich mein Tempo gesteigert, und bis zum Abend war ich der schnellste von allen drei Ferrari-Piloten. Damit hatte ich genügend Selbstvertrauen fürs Rennen – und für alle weiteren.
VÖLKER: Dein Comeback-Rennen nach zweijähriger Pause war der Grand Prix von Südafrika 1982. Zufällig ist es gerade dort zur bisher schwersten Kraftprobe zwischen Fahrern und Unternehmern, also Teamchefs und Veranstaltern, gekommen, zufällig hattest du die Idee dazu geliefert und zufällig warst du die zentrale Figur des folgenden Fahrerstreiks. Wieso steht gerade der etablierteste Fahrer am stärksten in Opposition zum Formel-1-Establishment?
LAUDA: Ich bin unabhängig und ungebunden. Wenn mein Team mich rausschmeißt, trifft man nicht meinen Lebensnerv. Ich habe es leichter als die meisten anderen Fahrer, um gegen unsere Chefs für unsere Rechte zu kämpfen. Kyalami war ein idealer Fall. Ich hatte die Fahrer überzeugen können, daß die uns zugemutete Superlizenz ein Freibrief für die Teamchefs war. Wenn wir das akzeptierten, würden sie mit uns machen können, was sie wollten. Zum einzigen Mal ist dann eine wirklich solidarische Aktion zustandegekommen, samt allen Psycho-Highlights, die man sich denken kann. Es hat damals einen Kompromiß gegeben, der eigentlich ein Sieg für uns war. Leider passiert es viel zu selten, daß sich die Fahrer auf eine gemeinsame Linie einigen. Einer springt immer ab. Wenn wir alle sagen würden: Wir setzen uns nicht mehr in Autos, in denen unsere Füße fast ungeschützt weit vor

den Vorderrädern zu liegen kommen, dann hätten wir jetzt alle mehr vom Leben. Was für die Fahrer gilt, das gilt auch für die Teamchefs, Funktionäre und Sportpolitiker. Keiner denkt an die ganze Sache, jeder nur an seinen persönlichen Vorteil. Sogar der Präsident der Sportbehörde, der souverän über den Dingen stehen sollte, steigt begeistert in die tägliche Schlammschlacht hinunter.
VÖLKER: Wie sähe die ideale Formel 1 des Niki Lauda aus?
LAUDA: Reduktion der erreichbaren Kurvengeschwindigkeiten, weil die Sturzräume jetzt nicht mehr ausreichen. Wir sind gefährdet, die Zuschauer sind gefährdet. Ein riesiger Unfall kann den ganzen Sport umbringen. Es gibt mehrere technische Möglichkeiten, die Kurvengeschwindigkeiten wieder runterzubringen, etwa Verbot der Schürzen oder Reduktion der Fahrzeugbreite.
VÖLKER: Dann müßtest du ja auch gegen Turbos sein. Die heizen ja den Wahnsinn noch kräftig an.
LAUDA: Man kann nicht Firmen bestrafen, die eine erlaubte technische Lösung gewählt haben, Millionen investiert haben und nun auf Grund ihrer richtigen Entscheidung und ihrer guten Arbeit besser sind als die anderen. Wenn einer zwei Meter lange Beine hat und fünf Meter hoch springt, kann ich ja auch nicht die Bestimmungen für Hochsprungbewerbe ändern. Noch dazu geht der Turbo-Trend im Rennsport parallel zum Trend des normalen Autobaus. Eine Menge Leute fahren heute Turbos und haben daher ein gewisses Interesse für die Antriebsart, außerdem ist die technische Entwicklung noch lange nicht abgeschlossen, so daß hier die Formel 1 endlich wieder einmal eine Pionierrolle spielen kann. Wir werden mit Turbomotoren leben, sie unterliegen nicht irgendwelchen Launen oder Moden.
VÖLKER: Das würde also auf lange Sicht das Verschwinden von Saugmotoren bedeuten. Auf ebenso lange Sicht prophezeit man aber den Turbomotoren 800 bis 900 PS. Ist das nicht Wahnsinn?
LAUDA: 800 oder gar 900 PS sind beim heutigen Layout der Rennstrecken sicherlich nicht zu verantworten. Das ergäbe Mord und Totschlag. Man wird die Turbos auf irgendeine Art limitieren müssen, aber nicht deshalb, um sie den Saugern anzugleichen, sondern bloß um im Rahmen des Möglichen, des Machbaren zu bleiben. Von Hubraumreduktion halte ich nichts, weil damit viele längst erfolgte Investitionen nutzlos werden. Eine Verbrauchsformel – Beschränkung des Tankvolumens oder des Zuflußquerschnitts – könnte ich mir am ehesten vorstellen.
VÖLKER: Der neunzehnjährige Niki Lauda, der mit einem Mini Cooper sein erstes Rennen gefahren ist, hat sicher eine Menge Vorstellungen oder Illusionen über den Rennsport gehabt. Wie sieht die Bilanz des 33jährigen aus?
LAUDA: Ich habe nie Illusionen gehabt, nie, dazu hat mir immer die Phantasie gefehlt. Und meine Vorstellungen bezogen sich jedesmal auf die nächste Stufe. Nach dem ersten Rennen, als ich mit dem Mini Cooper Klassenzweiter wurde, habe

Ich versuche eigentlich immer, das zu tun, was ich gerne tue, was mir Spaß macht. Das ist mir fast immer gelungen. Wenn man das als Glücklichsein bezeichnen will, okay, dann bin ich ein glücklicher Mensch.

ich mir vorgenommen, die Klasse zu gewinnen, und so hat sich ein Ziel nach dem anderen ergeben. Aber es war nicht so, daß ich mit zwanzig Jahren der Welt geschworen hätte: Eines Tages werde ich Weltmeister sein. Keine Illusionen, daher auch keine Enttäuschungen.

VÖLKER: Vor sieben Jahren, in unserem ersten Buch, habe ich dich zum Ende eines ähnlichen Gesprächs gefragt, ob du dir vorstellen könntest, was du nach deinem Rücktritt tun würdest. Du hast vom Fliegen geredet, und daß es nichts Schöneres für dich geben könne als das Fliegen. Inzwischen bist du zurückgetreten, du hast auch jede Menge Fliegerei hinter dir. Neue Frage: Kannst du dir vorstellen, was du nach deinem zweiten Rücktritt tun möchtest?

LAUDA: Etwas ganz, ganz anderes. Keine Ahnung, was. Es könnte weit weg von hier sein, aber es gibt keine klare Vorstellung. Oder doch, insofern: Ein völlig neues Gebiet des Lebens suchen.

VÖLKER: Bist du glücklich?

LAUDA: Ich zerbreche mir darüber nicht den Kopf. Ich versuche eigentlich immer, das zu tun, was ich gern tue, was mir Spaß macht. Das ist mir fast immer gelungen. Wenn man das als Glücklichsein bezeichnen will, okay, dann bin ich ein glücklicher Mensch.

Harmonie

Das Konzept vom Auto, an dem alles stimmt

Ein so anspruchsvoller Begriff wie Harmonie ist im Rennsport natürlich vorsichtig zu gebrauchen – und wenn der Beobachter zu dem Eindruck kommt, der ganze Formel-1-Zirkus sei eigentlich ein Haufen von Chaoten, die heute in die eine, morgen in die andere Richtung rennen, kann ich ihn gut verstehen.
Der Grund für die Irrwege, für das Chaos der Regeln und Auslegungen und daraus folgenden Streitereien liegt in einer technischen Umwälzung, die zu einer Verhöhnung der physikalischen Gesetze landläufigen Autofahrens geführt hat. Daß diese Umwälzung zufällig zusammenfiel mit dem Starkwerden der Turbomotoren, hat die Lage natürlich noch verworrener und komplizierter gemacht. Die Formel-1-Rennen sind sprunghaft schneller, wahnwitziger und gefährlicher geworden, und dieser Tatsache kann man eigentlich nur eines positiv anrechnen: Die dahinter stehende Technik ist intelligenter und innovativer, als sie es je zuvor war. In gewissen Bereichen ist die Formel 1 wieder Versuchsträger für neue Technologien und neue Materialien geworden. Das Produkt, das daraus entstanden ist, ist ein teuflisches, weil unnatürliches Gerät.
Daß nur ein einigermaßen harmonisches Auto erfolgreich sein kann, ist ein alter Hut. Was nützt der stärkste Motor, wenn die Bremsen nicht mitmachen und während des Rennens immer mehr an Wirkung verlieren? Was nützt die beste Radaufhängung, wenn die Aerodynamik nicht stimmt, oder was nützt es, wenn alles paßt, das Auto dabei aber zu schwer ist? Es müssen alle Teile in einer günstigen Relation zueinander stehen.
Als Hauptbeteiligte dieses Zusammenwirkens kann man acht Faktoren eines Fahrzeugs anführen:
Motor samt Kühlern,
Aerodynamik,
Monocoque,
Radaufhängungen,
Reifen,
Bremsen,
Hauptabmessungen: Länge, Breite, Schwerpunktlage,
Gewicht.

Die technische Umwälzung der letzten Jahre hat eine Verschiebung in der Wertigkeit dieser Faktoren ergeben. Waren früher die Schwerpunkthöhe, die Radaufhängungen und der Motor von herausragender Bedeutung, so wird heute alles von der Aerodynamik überspielt.

Alle Formel-1-Autos sind *wing cars,* also Flügelautos. Versuchen wir eine Definition für „Flügelauto": Ein Rennwagen, dessen Unterboden nicht flach ausgeführt ist, sondern sich das aerodynamische Prinzip des umgekehrten Tragflügels zunutze macht und dadurch Abtrieb (= Anpreßdruck zur Fahrbahn, Saugwirkung) erzeugt; er bewegt sich dadurch nicht mehr im Bereich der Gesetze der Fliehkraft.

Der Effekt, der damit erreicht wird, ist so groß, daß ein Auto alter Bauweise nicht den Funken einer Chance hätte. Die verblüffend hohen Kurvengeschwindigkeiten erinnern mich an das *slot racing,* wo kleine, von Elektromotoren getriebene Rennautos in einer Nute geführt werden. Links und rechts dieser Führungsnute befinden sich Metallstreifen zur Stromübertragung. Es dauerte nicht lange, bis ein findiger Kopf im Fahrzeug dicht über diesen Metallstreifen einen starken Magnet einbaute. Die Fahrzeuge wurden damit so stark nach unten gezogen, daß man praktisch alle Kurven voll fahren konnte. Die Bastler, die diesen Trick noch nicht kannten, waren völlig chancenlos. Da sich solche Machinationen nicht allzulang geheimhalten lassen, wurden dann bei Meisterschaften die „Magnetautos" verboten, später dann die Metallstreifen nicht mehr aus Eisen, sondern aus Kupfer (reagiert nicht auf Magnete) gefertigt.

Nun, in der Formel 1 leben wir fröhlich weiter mit „Magnetautos", unser Magnet und unser Fetisch ist der Unterdruck.

Fahrzeuge so zu bauen, daß sie maximalen Unterdruck erzeugen (und daher in den Kurven wie auf Schienen fahren), trotzdem noch halbwegs windschnittig sind (um eine Spitze von 320 km/h erreichen zu können) und dabei noch Platz haben, den Fahrer und den Motor (speziell den komplizierten Turbo mit seinen Ladern und Kühlern) unterzubringen, ist eine Aufgabe für Genies.

Nur der kann gewinnen, der alle Gruppen eines Fahrzeugs in höchster Harmonie, unter optimaler wechselseitiger Berücksichtigung, zusammenfügt. Den Mann, der dafür verantwortlich ist, nennen wir nicht Konstrukteur, sondern Designer, was im Englischen zwar eine etwas weitere Bedeutung als im Deutschen hat – trotzdem ist es typisch für die veränderten Prioritäten der neuen Formel 1.

Der neue Slang

Die wichtigsten englischen Begriffe der *wing car*-Epoche

Durch die wichtigen Rollen der Franzosen und Italiener ist der Formel-1-Sport nicht mehr so hundertprozentig britisch wie früher, der Slang zwischen Technik und Praxis läuft aber immer noch in Englisch. Die neue Autogeneration hat völlig neue Begriffe und Worte (zumindest in ihrer Anwendung auf Autos) entstehen lassen. Die am häufigsten gebrauchten sind:

underbody	(Untergestell), Basis der wichtigsten aerodynamischen Konstruktionsmerkmale.
	Man unterscheidet zwischen
flat bottom	(flacher Boden), Kennzeichen der alten, abgelösten Auto-Generation, und
curved bottom	(geschwungener Boden), er ist das Kennzeichen für das
wing car	(Flügelauto), dessen Fahrzeugboden aerodynamisch ausgebildet ist und Unterdruck erzeugt.
ground effect	(Bodenwirkung),
down thrust	(Druck nach unten),
suction	(Ansaugen, Sog, Unterdruck) und
load	(Last, Gewicht, Druck) bedeuten alle dasselbe: die Saugwirkung eines Flügelautos.
more load	(mehr Druck) ist daher das Gegenteil von
suction loss	(Saugwirkungsverlust).
center of pressure	(Druckzentrum), jene Stelle des Unterbodens, wo man sich den Mittelpunkt der Saugwirkung vorstellen kann.
skirts	(Schürzen), die seitlichen Abdichtungen des Autos zur Fahrbahn.
	An ihrem unteren Ende sind die
sliding strips	(schleifende Streifen), Dichtleisten.
	Wenn sie zu stark am Boden scheuern, ergibt sich
skirt wear	(Schürzen-Verschleiß).
to leak	(lecken, durchlassen) bedeutet mangelhafte Abdichtung

des Unterdruckbereichs durch die Schürzen, das Gegenteil davon ist

to seal (dicht abschließen).

ride height (Fahrhöhe) oder

clearance (Bodenfreiheit), mitbestimmend für die Stärke der Saugwirkung.

bottoming (eigentlich Einsetzen von Böden), Aufsetzen oder Aufschlagen des Fahrzeugbodens auf die Fahrbahn.

porpoising (von porpoise = Delphin, wellenartig aufsteigend und landend), Bildung von unerwünschten Luftpolstern unter dem Wagen, Störung und laufende Veränderung der Saugwirkung.

front wing (spoiler) (vorderer Flügel), hat mit *wing car* im Grund nichts zu tun.

rear wing (hinterer Flügel).

less wing (weniger Flügel), flachere Anstellung des Flügels für weniger Anpreßdruck.

more wing (mehr Flügel), steilere Anstellung des Flügels.

flap (Flattern, Klappe), die tatsächlich verstellbare Klappe des in seiner Gänze nicht verstellbaren Flügelprofils. Nur noch selten gebrauchter Ausdruck, da mit *wing* alles gesagt ist, was eigentlich konkret das *flap* betrifft.

Was erlaubt ist

Der Rahmen der Formel 1

Die technischen Spielregeln für die Formel 1 wurden von der Fédération Internationale de l'Automobile erlassen und sind im Detail im FIA-Handbuch festgelegt, wobei im Zweifelsfall der französische Originaltext verbindlich ist. Die wichtigsten Bestimmungen (Stand September 1982):

Motor: Viertaktmotor mit maximal zwölf Zylindern. Hubraum bis 3000 cm^3 ohne Aufladung, bis 1500 cm^3 mit Aufladung.

Gewicht: Mindestens 580 kg.

Fahrzeuglänge: Der Radstand (Abstand zwischen Mitte der Vorder- und Hinterräder) ist frei, jedoch darf die Karosserie (der vordere Flügel) nicht weiter als 120 cm vor Mitte Vorderrad enden. Die erlaubte Breite ist hier 150 cm. Hinten darf die Karosserie (der hintere Flügel) maximal 80 cm über Mitte Hinterrad verlängert werden. Erlaubte Breite hier 110 cm.

Höhe: Maximal 90 cm mit Ausnahme des Überrollbügels.

Breite: Maximale Breite der Radaußenkanten 215 cm. Maximale Breite der Struktur (zwischen den Rädern) 140 cm. Minimale Breite des Cockpits 45 cm.

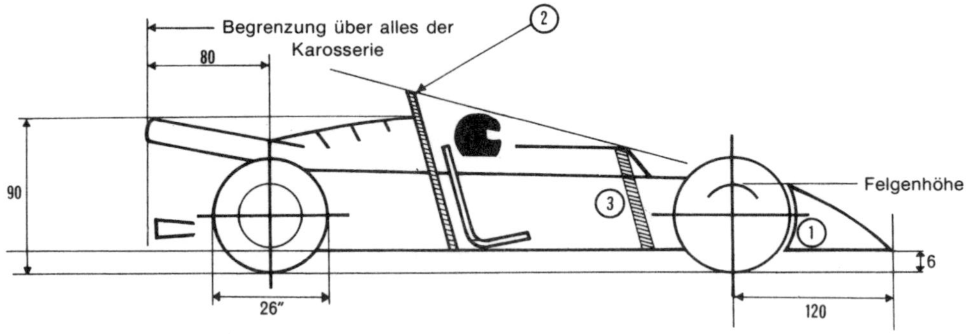

1 – Für alle Teile, die breiter als 110 sind
2 – Überrollbügel
3 – Hauptstruktur

Maßangaben in cm, außer bei den Rädern (in Zoll)

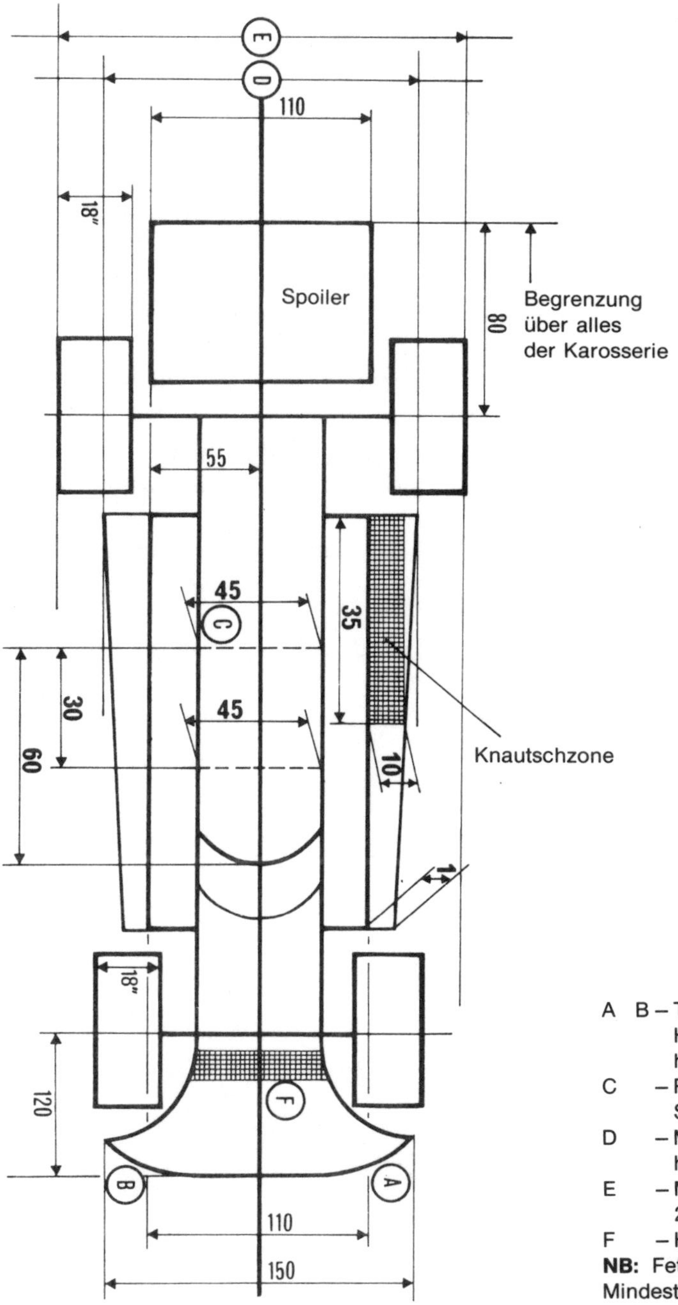

Aus dem Handbuch der FIA: Innerhalb der eingezeichneten Maße muß das Auto konstruiert werden. Die schraffierten Flächen kennzeichnen die Knautschzonen, die strichlierten Linien die beiden Überrollbügel.

A B – Teile, die nicht über die Höhe der Vorderradfelge hinausragen
C – Rückwärtigster Punkt des Sitzes
D – Maximale Breite der aufgehängten Struktur: 140 cm
E – Maximale Breite über alles: 215 cm
F – Hauptstruktur

NB: Fettgedruckte Ziffern stellen Mindestmaße dar.
Maßangaben in cm, außer bei den Rädern (in Zoll).

Reifen: Maximaler Reifendurchmesser 26″ = 66 cm. Maximale Reifenbreite 18″ = 45,7 cm.
Kraftstofftank: Maximal 250 Liter.
Auf die Sicherheitsbestimmungen, die inzwischen schon recht umfangreich geworden sind, gehen wir in einem eigenen Kapitel ein.
Während also alle wichtigen Maße so festgelegt sind, daß sie dem Konstrukteur eigentlich ziemlich wenig Freiheit lassen, gibt es über die Gestaltung des Fahrzeugbodens (Unterseite) keine Bestimmungen. Die seitlichen Schürzen sind hingegen schon reglementiert (siehe Kapitel „Aerodynamik"), der Passus mit vorgeschriebener Schürzen-Bodenfreiheit ist derzeit nicht in Kraft.
Im übrigen gilt immer noch das sogenannte Concorde-Abkommen, welches besagt, daß erlassene Änderungen jeweils am 1. Jänner des dritten Jahres nach ihrer Veröffentlichung in Kraft treten, sofern keine Sondervereinbarungen zwischen der FIA und den anerkannten Formel-1-Herstellern getroffen werden. Solche Sondervereinbarungen können nur einstimmig zustande kommen, das heißt, daß jedes einzelne Mitglied des Concorde-Abkommens damit einverstanden sein muß – eine Situation, die kaum vorstellbar ist.

Aerodynamik

Die Entstehung einer neuen Auto-Generation

Das neue Bild des Formel-1-Sports entstand weniger durch die Turbomotoren, sondern durch aerodynamische Erkenntnisse und deren Umsetzung bei der Konstruktion der Fahrzeuge. Die Aerodynamik ist heute das wichtigste Kriterium für den Erfolg eines Grand-Prix-Wagens, wichtiger noch als der Motor oder die Reifen. Die Revolution der Aerodynamik war derart tiefgreifend, daß sich auf manchen Rennstrecken innerhalb eines Jahres die Rundenzeiten bis zu sieben Sekunden verbessert haben.

Zu Beginn muß gesagt werden, daß die Aerodynamik von Monoposto-Rennfahrzeugen sehr viel komplizierter ist als die von Personenautos oder Rennwagen mit geschlossenen Karosserien. Durch die freistehenden breiten Räder, die Radaufhängungen, das offene Cockpit, den Helm des Fahrers, den Überrollbügel, die zahlreichen Kühler kommt es zu einer gegenseitigen Beeinflußung, die schwer zu durchschauen ist und hin und wieder dazu führt, daß bei irgendwelchen neuen Einstellungen oder Veränderungen andere Ergebnisse herauskommen, als man sie auf Grund jahrelanger Erfahrung und nach der Theorie erwarten sollte.

Durch den zerklüfteten offenen Aufbau ist der Luftwiderstandsbeiwert (c_w-Wert) entsprechend schlecht. Er liegt etwa doppelt so hoch wie bei modernen Personenautos. Das heißt, daß bei gleicher Stirnfläche die doppelte Motorleistung benötigt wird, um die gleiche Geschwindigkeit zu erreichen.

Die Autos der neuen Generation, die so sehr von Aerodynamik beeinflußt wird, werden *wing cars* genannt. Man kann das ruhig mit Flügelautos übersetzen, weil die aerodynamischen Hilfsmittel sehr viel mit Flügeln zu tun haben. Exakt spricht man dann von einem *wing car,* wenn feste Teile des Fahrzeuges (also nicht Front- oder Heckflügel) aerodynamisch so ausgebildet sind, daß sie Abtrieb erzeugen. Bevor wir aber über diese „unsichtbaren“ Flügel sprechen, noch ein leichteres Kapitel: Die sichtbaren Flügel.

Sichtbare Flügel

Es werden wie im Flugzeugbau Tragflügelprofile verwendet, die aber, da sie ja beim Auto nicht Auf-, sondern Abtrieb erzeugen sollen, umgekehrt montiert werden.

Das heißt, daß die längere Seite des Flügelquerschnittes nach unten zu liegen kommt. Da die Strömungsgeschwindigkeit vor und hinter dem Flügel gleich ist, muß die Luft auf der längeren (unteren) Seite im Bereich des Flügels den größeren Weg zurücklegen, also schneller strömen. Dadurch entsteht auf der Unterseite Unterdruck, der den Flügel (das Auto) nach unten zieht. Durch unterschiedliches Anstellen der Flügelprofile kann die Wirkung der Flügel zusätzlich verändert werden. Die Neigung wird dabei mit einem Instrument, das sich aus Wasserwaage und Winkelmesser zusammensetzt, kontrolliert. Ein Verstellen ist nur an der Box erlaubt. Flügel, die vom Cockpit oder von den Radaufhängungen aus verstellbar sind, wurden schon zu Rindts Zeiten verboten, nachdem es damals zu schweren Unfällen gekommen war.
Zum Verstellen gibt es eine Reihe von Löchern oder Schlitzen am Flügelhalter, sodaß die Mechaniker relativ rasch eine neue Einstellung vornehmen können. Verstellt wird immer nur in ganz kleinen Schritten, weil die Wirkung der Flügel ja mit dem Quadrat der Geschwindigkeit zunimmt. Das heißt, bei doppelter Geschwindigkeit ergibt sich die vierfache Anpreßkraft.
Daß mit verstärkter Anstellung der Flügel die Vertikalkraft zumindest bis zu einer bestimmten Grenze zunimmt, machen sich auch die Flieger zunutze. So wird vor allem bei den Jets bei Start und Landung das gesamte Flugzeug steil angestellt, um auch noch bei langsamer Fluggeschwindigkeit genügend Auftrieb zu erhalten. Das wird umso krasser praktiziert, je kleiner die Flügelfläche im Verhältnis zum Flugzeuggewicht ist. Am besten erkennt man es bei der Landung eines *space shuttle,* das mit sehr steil nach oben gerichteter Nase das Rollfeld anfliegt, weil es sehr wenig Flügelfläche hat. Mehr Flügelfläche täte zwar der Landung gut (kürzere Rollbahn), würde aber bei der sonst sehr hohen Fluggeschwindigkeit nur stören.
Zur besseren Veranschaulichung der Tragflügeltheorie geht man davon aus, daß eine Flügelfläche eben (plan) ist; beim Flugzeug ist das die untere, beim Rennauto die obere Seite. Die andere Flügelfläche ist nach außen gewölbt. Liegt die ebene Fläche parallel zur Fahrbahn, leistet nur die untere gewölbte Seite einen Beitrag zum Abtrieb, indem die hier beschleunigte schnellere Strömung wie bereits erwähnt Unterdruck erzeugt. Wird der Flügel jedoch angestellt, leistet auch die obere Seite einen Beitrag, weil hier nun die Strömung verzögert wird, sich somit an der oberen Seite Überdruck aufbaut, der den Flügel zusätzlich nach unten drückt.
Am besten kann man das selber erproben, wenn man die flache Hand beim fahrenden Auto nach außen streckt – aber bitte nicht zu weit – und nun die Hand langsam verdreht. Man merkt dann genau, wann die Strömung abreißt, also keine Kraft mehr nach oben oder unten auftritt. Man merkt auch ganz genau, wieviel Kraft man braucht, damit es einem die Hand nicht nach hinten reißt. Diese Kraft wird natürlich umso größer, je mehr die Hand quer zur Fahrtrichtung zu liegen kommt

und je höher die Geschwindigkeit ist. Diese nach hinten gerichtete Kraft nennt man den *Widerstand,* den die Hand (der Flügel) dem Fahrtwind entgegensetzt.
Neben der gewollten Kraft nach unten tritt bei den Flügeln nämlich noch eine ungewollte Kraft nach vorne auf, die den Gesamtfahrwiderstand unangenehm vergrößert. Beim Abstimmen auf die jeweiligen Rennstrecken kommt es darauf an, den richtigen Kompromiß zwischen Anpreßkraft und Widerstandserhöhung, also Verlust an Höchstgeschwindigkeit, zu finden. Da hilft dann keine Theorie mehr: Richtig ist das, was die Rundenzeiten besser werden läßt.
Die maximalen Flügelbreiten sind genau vorgegeben: vorne 150 cm, hinten 110 cm. Diese Breiten werden natürlich von allen Herstellern auf den Millimeter genau ausgenützt. Um an den beiden Enden des Flügels keine Verluste zu bekommen, schließen die Flügel jeweils mit zwei dünnen senkrecht stehenden Blechen ab. Sie garantieren, daß die Luft über die ganze Flügelbreite ihre volle Wirkung zur Geltung bringt und nicht über die Seiten abschmiert.
Die Wirkung von Flügeln ist nur dann optimal, wenn sie möglichst ungestört an- und abgeströmt werden. Beim vorderen Flügel ist das in jedem Fall gegeben. Schwieriger ist das schon beim hinteren Flügel, weil es aufgrund der davor liegenden Teile wie Räder, Seitenteile, Kühler, Überrollbügel, Sturzhelm schon zu Unregelmäßigkeiten in der Strömung kommt. Die einfachste Lösung wäre hier natürlich ein Höhersetzen des Flügels, das ist aber verboten (Maximalhöhe 90 cm über der Fahrbahn).
Umgekehrt ist es bei der Luftabströmung. Sie ist beim Heckflügel natürlich optimal, beim Frontflügel jedoch durch Räder, Radaufhängung, Karosserieteile mehr oder weniger gestört. Auch hier wieder Parallelen zum Flugzeug. Damit die Anströmung der hinteren Flügel und damit Auftrieb und Manövrierfähigkeit nicht von den vorderen Flügeln beeinflußt werden, sind die hinteren Flügel bedeutend höher angesetzt.
Oft findet man bei den Flügeln der Rennautos am hinteren Ende aufgeschraubte Winkel, sogenannte Hinterkanten*flaps.* Sie führen zu einem Aufstauen der über die Oberseite strömenden Luft und damit zu einer Druckerhöhung auf der Oberseite, also mehr Abtrieb. Diese *flaps* bringen vor allem dann etwas, wenn die Flügelunterseite nicht einwandfrei umströmt ist. Da nichts umsonst ist, erhöhen sie neben dem Abtriebsgewinn auch wieder den Fahrwiderstand. Hin und wieder sieht man auch sogenannte Spaltflügel. Das sind zwei schmälere Flügel, die in der Höhe leicht versetzt und mit unterschiedlicher Anstellung montiert sind. Dazwischen (im Spalt) tritt Luft durch und soll so die Anströmung der Unterseite des oberen Flügels verbessern.
Da im Bereich des Flügelhalters zumindest die Unterseite aerodynamisch unwirksam ist, wird versucht, diesen Halter erstens möglichst schmal auszuführen und zweitens

in einen Bereich zu legen, wo sowieso ungünstige Anströmungsverhältnisse vorliegen (Fahrzeugmitte).
So findet man hinten fast ausschließlich Flügelhalter, die am Ende des Getriebes oder irgendwo in der Mitte der Hinterradaufhängung montiert sind. Leider wird die Basis (Breite) des Halters oft so schmal ausgeführt, daß die Flügel bei welligen Fahrbahnen oft deutlich sichtbar wackeln, was keinen sehr vertrauenserweckenden Eindruck macht.
Beim vorderen Flügel (so vorhanden) ergibt sich die zentrale Flügelbefestigung von selber durch das nach vor verlängerte Monocoque. Immer häufiger gibt es nun Formel-1-Wagen, die ohne vorderen Flügel auszukommen versuchen. Der Grund dafür liegt im zweiten wesentlichen Teil der Aerodynamik heutiger Rennwagen.

Hintere Flügel bei McLaren, Renault (beide oben), Lotus und Brabham (beide Mitte). Sie werden heute meist zweiteilig ausgeführt. Der vordere Teil ist fest mit dem mittigen Flügelhalter (Abstützung am Ende des Getriebes) verbunden, der zweite (hintere) Teil kann leicht und schnell verstellt werden, dafür befinden sich in den beiden seitlichen Leitblechen mehrere Löcher oder Langlöcher. Die Einstellung erfolgt mit Wasserwaage und Winkelmesser. Die seitlichen Leitbleche gewährleisten eine volle aerodynamische Wirksamkeit über die gesamte Flügelbreite. Größe und Form der Leitbleche beeinflussen auch das Fahrverhalten der Autos bei schneller Kurvenfahrt, weil dann der gesamte Flügel schräg seitlich angeströmt wird. Talbot-Matra (unten) verwendet die Leitbleche gleichzeitig als Flügelhalter. Der Flügel ist einteilig. Am rechten Halter sieht man sehr schön das Langloch zur Flügeleinstellung. Breite, Höhe und Abstand bis zur Hinterradmitte der Flügel sind genau vorgeschrieben.

Flügelmode: McLaren, Renault, Lotus, Brabham, Talbot

Revolution im Rennwagenbau oder die Suche nach mehr Anpreßdruck

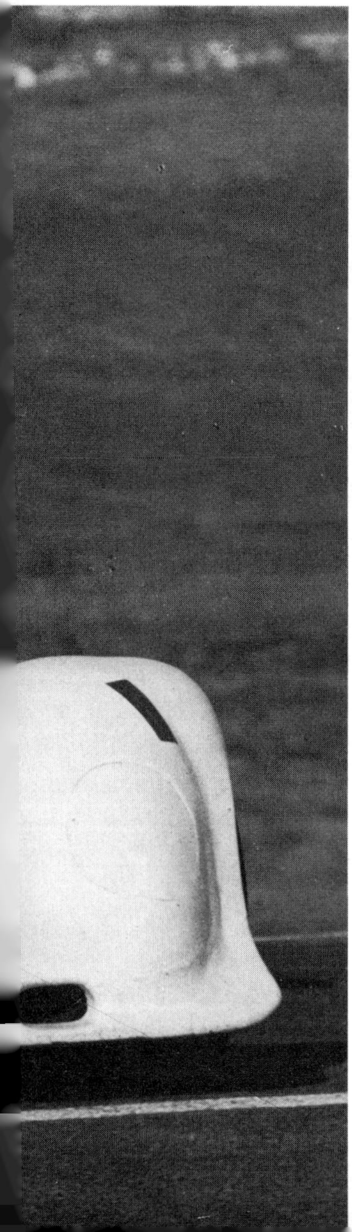

Mitte der sechziger Jahre war in der Formel 1 (Bild: Jochen Rindt auf Cooper Maserati) von aerodynamischen Hilfsmitteln noch keine Rede. Zu jener Zeit machte aber in den USA schon der texanische Fahrer und Konstrukteur Jim Hall mit seinem Chaparral Furore. Der massive Heckflügel des Chaparral war der Vorbote der weltweiten Suche nach mehr Anpreßdruck für Rennfahrzeuge, ein paar Jahre später wurde die „Staubsauger"-Version des Chaparral (1970 mit Jackie Stewart) zum Symbol aller kommenden Auswüchse und Übertreibungen auf diesem Gebiet.

Rechts: *Nachdem die Flügel-Idee ab 1968 auch von den Formel-1-Konstrukteuren aufgegriffen worden war, kam es in der Saison 1969 zu grotesken Autos (Bild: Graham Hill auf Lotus) mit überdimensionierten Flügeln. Wenn einer dieser Flügel brach, knickte oder locker wurde, konnte das Auto völlig die Bodenhaftung verlieren, was zu schweren Unfällen führte.*

Oben: Höhe- und Schlußpunkt der Doppeldeckermode war der Grand Prix von Spanien 1969 in Barcelona. Die Heckflügel an den Lotus von Graham Hill und Rindt und am Brabham von Jacky Ickx (Bild) brachen. Vor allem die beiden Lotus-Unfälle waren dramatisch genug, um die Sportbehörde aufzurütteln: Elf Tage später wurden die hohen Flügel verboten.

Linke Seite: Flügelmode zu Saisonende 1968 (Jacky Ickx auf Ferrari).

Nebenstehendes Bild: So dezent sahen die Autos nach dem Verbot der Monsterflügel ab dem Monaco-Rennen von 1969 aus (Graham Hill auf Lotus).

Ganz oben: Der erste Formel-1-Wagen, bei dem ein Karosserieteil nach dem umgekehrten Flügelprinzip ausgebildet war, war der March des Jahres 1970 (Ronnie Peterson), bei dem die seitlichen Tanks ihren bescheidenen Beitrag zur Erhöhung des Anpreßdrucks leisteten.
Darunter: Kurzes Staubsauger-Gastspiel auch in der Formel 1. Dieser Brabham, konstruiert von Gordon Murray, wurde vorerst als legal akzeptiert und machte mir den Sieg beim Grand Prix von Schweden 1978 sehr leicht. Bald darauf wurden die „Staubsauger" verboten.
Beide Bilder rechts: Das erste ausgereifte Flügelauto der neuen Generation war der Lotus, mit dem Mario Andretti die Weltmeisterschaft 1978 gewann.

John Player
John Player Special
OLYMPUS
Valvoline
5
Valvoline

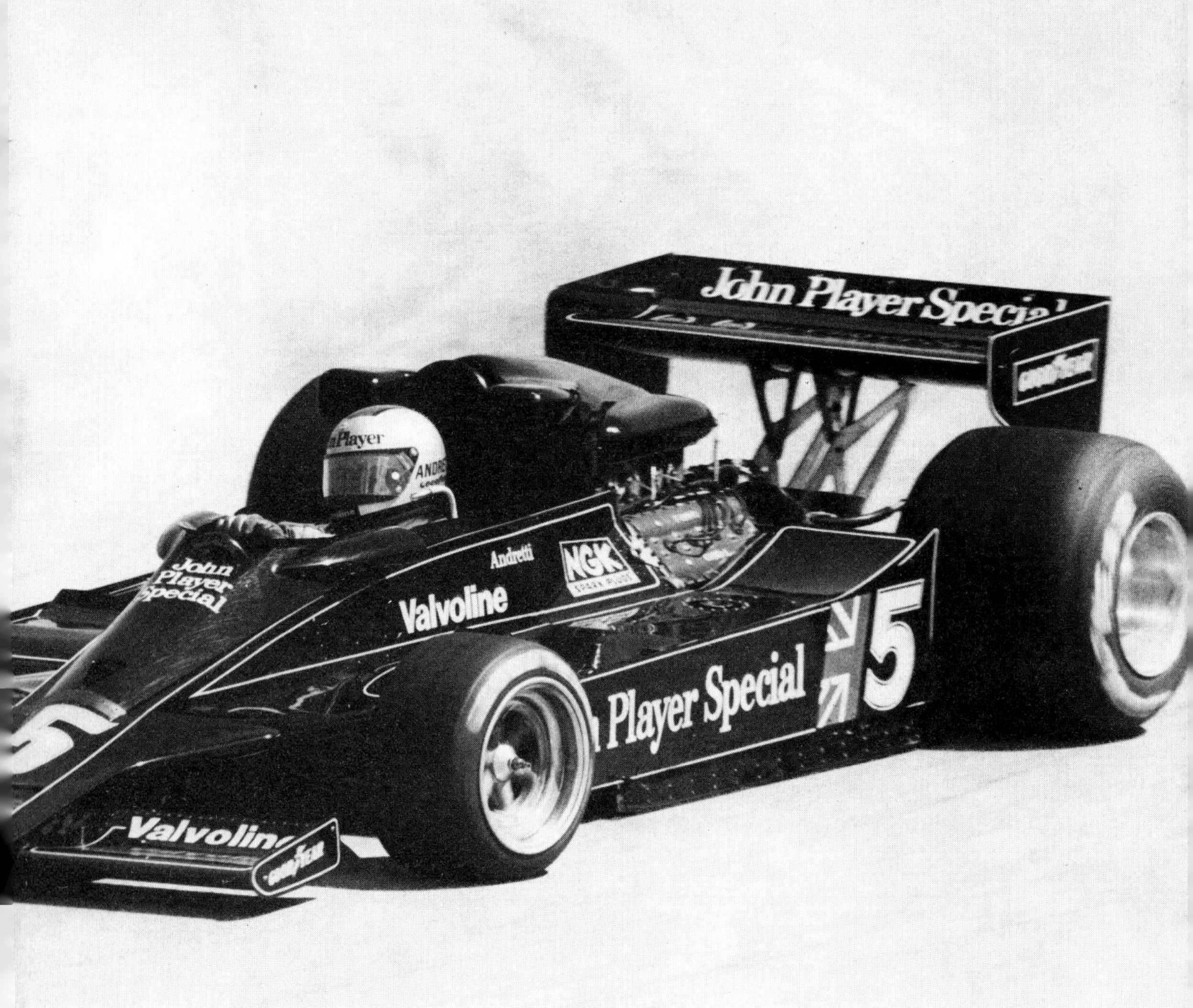
John Player Special
John Player Special
Andretti
NGK
Valvoline
Player Special
5
Valvoline

Die unsichtbaren Flügel

Damit sind wir beim Kernpunkt der *wing cars.* Durch eine spezielle aerodynamische Ausbildung *fester* Fahrzeugteile soll mehr Abtrieb, Anpreßdruck, erzeugt werden, wobei der Fahrwiderstand möglichst wenig zunehmen soll. Ein *wing car* kann somit auch ein Auto sein, das keine äußerlich sichtbaren Flügeln hat.
Das erste Auto, das im Raum zwischen den Rädern aerodynamische Hilfsmittel hatte, war der March 701 des Jahres 1970. Hier wurde erkannt, daß man zur Erhöhung des Anpreßdrucks nicht allein mit den äußeren Flügeln auskommen müsse. Die seitlich außen zwischen den Rädern liegenden Kraftstofftanks waren als kurze Flügelstummeln ausgebildet. Die Wirkung war noch minimal, weil das Fahrzeug ein sehr breites flaches Cockpit hatte, die Tanks also in die sehr unruhige Strömung zwischen vorderen und hinteren Rädern zu liegen kamen, aber es war immerhin der erste Ansatz.
1975 griff dann Colin Chapman die Idee wieder auf und baute für die Saison 1977 den ersten echten Flügelwagen mit *ground effect.*
Die Hoffnungen, die sich daran knüpften: Noch mehr Anpreßdruck zu erhalten (die Möglichkeiten mit den äußeren Flügeln waren schon ziemlich ausgeschöpft), ohne den Fahrwiderstand zu erhöhen, dabei vielleicht sogar die äußeren Flügel wieder weniger stark anstellen zu müssen und damit höhere Endgeschwindigkeiten zu erreichen. Eines wußte man schon, daß nämlich bei gleichem Anpreßdruck der Einfluß einer richtig ausgebildeten Fahrzeugunterseite auf den Fahrwiderstand nicht so groß ist wie der eines angestellten Flügels.
Aber es war zunächst eine Reihe von ganz gravierenden Änderungen am Fahrzeug

Das underbody, Um und Auf der heutigen Formel-1-Autos. Durch Variation von Form und Krümmung lassen sich die unterschiedlichsten Strömungsverläufe unter dem Fahrzeugboden erreichen. Die Vertiefung in der Mitte wird für Füße, Sitz, Tank, Ölwanne und Getriebe benötigt.

notwendig, um einen Unterdruck unterhalb des Fahrzeuges überhaupt zur Wirkung zu bringen.

Bis hierher galt die Regel: Der Gesamtfahrzeugschwerpunkt muß in Ruhe (bei stillstehendem Fahrzeug) so tief wie nur irgend möglich sein. Das sicherte eine möglichst geringe Verlagerung des Gewichtes auf die Fahrzeugaußenseite bei Kurvenfahrt, also möglichst gleichmäßige Belastung aller vier Reifen mit möglichst niedrigen Reifentemperaturen. Alle Rennautos wurden so konstruiert. Im einzelnen hieß das: Benzintanks möglichst flach und tief seitlich neben dem Fahrer. Öltank, also Trockensumpfbehälter, ebenfalls flach und tief neben Fahrer. Kühler ebenfalls möglichst flach und tief angeordnet. Motoren und Getriebe möglichst tief eingebaut. Verwendung von Motoren mit möglichst tiefem Schwerpunkt, am besten war Ferrari mit dem V-180°-Zwölfzylinder. Hochbauende Motoren in V 60° waren chancenlos und wurden wegen Erfolglosigkeit sogar zurückgezogen (Matra V-60°-Zwölfzylinder). Die Bodenplatte der Fahrzeuge war von vorne bis hinten völlig eben und lag genau parallel zur Fahrbahn. Der Fahrer saß relativ weit hinten mit dem Rücken praktisch am Motor.

Da man für ein Flügelauto just den Platz brauchte, an dem diese tiefliegenden Teile lagen, mußten sie umverteilt werden. Die Zeit der breiten Monocoques mit den seitlich liegenden aufgeteilten Tanks war vorbei.

Es gibt jetzt nur noch *einen* Benzintank, der bei allen Konstruktionen zwischen Motor und Fahrer zu liegen kommt. Da man dabei nicht bereit war, den Radstand zu verlängern, mußte der Fahrer samt Pedalen etc. um die Tanklänge nach vorne rutschen. Daraus ergibt sich die heutige extrem weit vorgerückte Sitzposition, wobei die Vorderräder praktisch seitlich neben den Knien liegen, die Füße also weit

Die Bergung eines Arrows (1981) ermöglicht den Blick auf das underbody und zeigt, daß es im Profil der Bodenplatte keinen spektakulären Schwung gibt, sondern daß die aerodynamische Wirkung durch eine recht subtile Form zustande kommt. Weniger subtil sind die Knautschfalten dieses Wagens als Folge eines Ausritts.

über die Vorderradaufhängung hinausragen. Der Rücken des Fahrers kommt somit jetzt nicht mehr unmittelbar vor dem Motor, sondern direkt vor dem zentralen schmalen (etwa so breit wie ein Rücken) und hohen Benzintank zu liegen. Erst an den Benzintank (Länge etwa 75 cm) schließt dann der Motor an.

Die meisten Konstrukteure haben auch noch den Trockensumpfbehälter so angeordnet, daß er bei der Gestaltung des Fahrzeugbodens nicht mehr stört. Der Platz zwischen Motor und Getriebeflansch ist dafür ideal. Außerdem wird damit der Motor mit seinem tiefsten Punkt (Ölwanne) noch etwas weiter nach vorne geschoben, sodaß in dem nach hinten ansteigenden Fahrzeugboden wenig Ausbuchtung erforderlich ist. Durch den Behälter muß natürlich die verlängerte Getriebehauptwelle durchgeleitet werden. Der Behälter ist als steifes leichtes Gußstück ausgebildet, das einfach mit entsprechenden Flanschbildern zwischen Motor und Getriebe reingeschraubt wird und so eine starre Verbindung der Antriebseinheit ergibt. Von der Form her ist dieser „Ölbehälter" optimal, weil er hoch und schmal ist und so an der tiefsten Stelle das Öl sicher von der Ölpumpe abgesaugt werden kann.

Ähnliches gilt auch für den Benzintank. War es früher schwierig, aus den breiten flachen Tanks den Kraftstoff bis zum letzten Tropfen rauszubekommen, ist das nun beim hohen, schmalen, einzelnen Tank kein Problem mehr.

Die Anordnung Fahrer–Kraftstofftank–Motor–Trockensumpfbehälter–Getriebe findet man bei allen außer den Zwölfzylinderautos. Der lange Zwölfzylindermotor von Alfa und Matra würde zu einer Fahrzeugverlängerung führen. Um das zu vermeiden, ist hier der Motor also direkt an das Getriebe geschraubt.

Noch ein Beispiel für die möglichst strömungsgünstige Auslegung der Fahrzeugunterseite. Die seitlichen Luftschächte sind nach hinten hochgezogen. Im Luftstrom liegen lediglich die dünnen Antriebswellen und die unteren Dreiecksquerlenker. Die Stoßdämpfer samt Federn sind ganz nach innen ans Getriebe gerückt. Die Lufthutzen (oben am Radträger) führen den Bremsscheiben von innen Luft zu. Links unten sieht man die Schürze mit Dichtleiste.

Gleichzeitig mit dieser Neuanordnung wurden nun die Cockpits extrem schmal, um bei vorgeschriebener Außenbreite (140 cm zwischen den Rädern) möglichst viel freien Platz für aerodynamisch auszubildende Seitenteile zu bekommen. Um eine vernünftige Bewegungsfreiheit zu garantieren, sah sich die FIA sogar gezwungen, eine Mindestbreite für das Cockpit (45 cm) vorzuschreiben.

Die Forderung nach schmaler Bauweise im mittleren Fahrzeugbereich, also auch beim Motor, war so bestimmend, daß Alfa die beiden Zylinderreihen von 180° auf 60° hochklappte, der schon totgesagte Matra V 60° wieder auferstand, Ferrari für das neue Turbotriebwerk gleich einen V-Motor wählte und neue Firmen mit Vierzylinder-Reihenmotoren (BMW, Hart) ins Formel-1-Geschäft einstiegen. Der bewährte Ford-Cosworth konnte praktisch unverändert übernommen werden.

Früher wurden die seitlichen Erweiterungen für die Benzintanks als tragende Struktur mitverwendet und leisteten so einen wichtigen Anteil an der Gesamtsteifigkeit des Fahrzeuges. Dabei ist vor allem die Torsionssteifigkeit (Verdrehsteifigkeit) von der Vorder- zur Hinterachse von besonderer Bedeutung. Nur ein steifes Auto reagiert zuverlässig auf Kinematik der Radaufhängung und auf Stabilisatoren. Durch die neue Anordnung waren die Konstrukteure nun vor die Aufgabe gestellt, schmaler und steifer als bisher zu bauen. Das war die Geburtsstunde einer neuen Materialtechnologie für die Gestaltung des Monocoques. Gefragt waren nur noch leichte und extrem feste Materialien. Bei der Suche stieß man wie so oft auf die Erfahrungen der Flugzeugindustrie, wo schon seit längerer Zeit hochfeste faserverstärkte Kunststoffe sowie Honigwaben-Sandwichplatten verwendet wurden.

Jetzt wurde auch die Idee geboren, die Tanks, die ja bisher irgendwie befestigt waren (geschraubt, genietet oder in Hilfskonstruktion aufgehängt), in das Monocoque zu integrieren. Damit konnte gleichzeitig Gewicht gespart und steifer gebaut werden.

So reicht heute das Monocoque von den extrem weit vorne liegenden Pedalen mit Bremszylinder und vorderer Knautschzone über Cockpit und Sitz bis zum Tankende. Erst hier wird dann der Motor direkt oder über Hilfskonstruktionen befestigt.

Das ganze gibt eine sehr kompakte, steife Bauweise mit hervorragend geschütztem Tank. Bei Unfällen kommt es kaum noch zu ausfließendem Sprit oder gar zu brennenden Autos. Ich bin sicher, daß bei meinem Nürburgringunfall von 1976 das Auto nicht zu brennen begonnen hätte, wäre es nach heutigen Gesichtspunkten konstruiert worden. Leider muß man sagen, daß sich die neue sichere Tanklage nicht aus dem Bestreben nach mehr Sicherheit, sondern aus dem Wunsch, ein möglichst perfektes Flügelauto zu entwerfen, ergeben hat.

Nachdem also die Neuanordnung der tragenden Fahrzeugstrukturen geklärt war (Pionier war – wie so oft – Colin Chapman), konnte nun an die erfolgversprechende Gestaltung des Fahrzeugunterbodens herangegangen werden.

Die unsichtbare Aerodynamik, eine Kombination aus umgekehrtem Tragflügel und Diffusor

Waren die Zusammenhänge bei den sichtbaren Flügeln relativ einfach zu durchschauen, wird es nun etwas komplizierter. Von der Seite betrachtet, bildet das gesamte Auto, insbesondere die beiden Seitenteile, einen umgekehrten Tragflügel. Die anströmende Luft legt oben auf der etwa waagrechten Fläche den kürzeren, unten am Fahrzeugboden den längeren Weg zurück. Von vorne oder hinten betrachtet erkennt man aber, daß nicht überall ideale Strömungsbedingungen herrschen. Vor allem im mittleren Bereich oben (Cockpit–Fahrer–Überrollbügel–Tank–Motor–Getriebe) ist von strömungsgünstigen Flächen nicht viel zu sehen. Auch in der Mitte unten (von vorn gesehen) ist die glatte, nach hinten oben gewölbte Fläche durch die notwendige Aussparung für den Fahrersitz, die Motorölwanne und das Getriebe unterbrochen. Um hier besser zu werden, bemüht man sich, Motorölwanne und Getriebe so schmal wie nur irgend möglich auszubilden.

Auch die Anströmung ist nicht ideal, weil ja Radaufhängung und zum Teil die Vorderräder und, wenn vorhanden, der vordere Flügel stören. Wie wichtig die möglichst ungestörte Anströmung ist, erkennt man an der Gestaltung der heutigen Vorderachsen. So wurden bei allen Autos die Stoßdämpfer samt Federn und Stabilisatoren so weit wie möglich nach innen verlegt. Sogar die verbleibenden, für die Radführung unbedingt benötigten Querlenker sind im Querschnitt strömungsgünstig ausgebildet.

Bei Betrachtung des Fahrzeuges erkennt man ferner, daß die Oberströmung weiter durch die Öffnungen der Wasser-, Öl- und Ladeluftkühlerschächte gestört wird.

Es herrschen also für den ersten Teil dessen, was bei einem *wing car* zu erhöhtem Anpreßdruck führen soll, keine idealen Bedingungen. Daß trotzdem ein Effekt auftritt, erklärt sich aus der sehr großen „wirksamen Fläche“ von ca. 1,4×2,0 m unten am Fahrzeug. Damit ist sie etwa drei- bis viermal so groß wie die der sichtbaren Flügel. Durch diese große Fläche genügt beispielsweise ein Unterdruck von nur 0,02 bar (= 20 cm Wassersäule), um das Fahrzeuggewicht (das heißt seinen Druck auf die Fahrbahn) zu verdoppeln.

Der zweite, wesentlichere Einfluß bei den *wing cars* ist durch den Raum und die Strömungsverhältnisse gegeben, die sich zwischen der Fahrbahn und dem Unterboden ergeben.

Strömungstheoretisch gesehen ist es ein rechteckiger Diffusor, also ein mehr oder weniger abgeschlossener Raum, der sich in Strömungsrichtung erweitert. Ein Teil davon ist die Fahrbahn, der andere Teil ist das Fahrzeug und wird durch den sich nach hinten öffnenden Fahrzeugboden sowie die seitlichen senkrechten Wände mit

Gestaltung des Fahrzeugbodens. Was heute im Rennsport schon normal ist, sieht man bei PKWs erst an Forschungs- oder Zukunftsautos.
Dabei ist heute schon allen klar, daß weitere c_w-Wert-Verbesserungen bei vernünftiger Außenform der PKWs nur mehr im Bereich des Fahrzeugbodens zu finden sein werden.
Man darf nicht übersehen, daß heute immer noch viele Forderungen gleichermaßen für Renn- und Straßenfahrzeuge Gültigkeit besitzen.

Das Unterdruckzentrum *(center of pressure)*

Obwohl der Unterdruck mehr oder weniger stark auf den gesamten Fahrzeugboden wirkt, kann man sich die dabei auftretende Vertikalkraft in einem einzelnen Punkt angreifend vorstellen, im Unterdruckzentrum. Die Lage dieses Punktes und die Größe der angreifenden Kraft (Resultierenden) sind bei den heutigen Formel-1-Autos *die* Kriterien schlechthin. Das Unterdruckzentrum liegt zunächst von vorne oder hinten gesehen durch den symmetrischen Aufbau genau in Fahrzeugmitte. Von der Seite gesehen, etwa im vorderen Drittel des Radstandes. Diese Lage entscheidet oft über die Konkurrenzfähigkeit des einen oder anderen Fabrikates. Erklärungen für zunächst unerklärbare Zeitrückstände liegen hier verborgen.
Durch unterschiedliche Bodengestaltung (anderer Krümmungsverlauf) kann dieser Punkt nach vorne oder hinten geschoben werden. In Verbindung mit anders eingestellten äußeren Flügeln können damit oft um zwei bis drei Sekunden bessere oder schlechtere Rundenzeiten erzielt werden. Verblüffend ist, daß sich dabei das Auto in allen Fällen hervorragend neutral fahren läßt. Ob man tatsächlich besser, also schneller, unterwegs ist, sagt allein die Stoppuhr und nicht mehr das Gefühl.

Größe der Anpreßkraft

Neben der Lage des Unterdruckzentrums ist natürlich auch die Größe der daran angreifenden Vertikalkraft von entscheidender Bedeutung. Über die absolute Größe nannte Williams-Konstrukteur Patrick Head einige Zahlen, die von den Spitzenrennwagen der Formel 1 erreicht werden. So beträgt der Abtrieb, der mit Hilfe der gesamten Aerodynamik erreicht wird, bei 100 km/h etwa 255 kg. Infolge der quadratischen Zusammenhänge erhöht sich dieser Wert bei 200 km/h auf 1020 kg und bei 300 km/h auf knapp 2300 kg, die zusätzlich zum Fahrzeuggewicht

besser der aerodynamische Wirkungsgrad. Zur besseren Vorstellung: Ein extrem leichtlaufendes Modell mit aerodynamischem Boden sollte, wenn es ausschließlich im Eintrittsquerschnitt angeblasen wird, nach vorne zu rollen beginnen. Die im rechten Winkel auf die vor allem nach hinten schräger werdende Bodenkontur wirkende Kraft kann in eine horizontale und vertikale Komponente zerlegt werden. Die horizontale (kleinere) Kraft schiebt das Auto vor, die vertikale (größere) Kraft zieht das Auto nach unten. Die überhaupt dazu erforderliche Energie wurde vorher in das Gebläse gesteckt.

Entsprechend den Querschnittsverhältnissen von 1 : 3 zwischen den Spalten, in die vorne die Luft ein- bzw. hinten austritt, muß die Luft vorne mit der dreifachen Geschwindigkeit in den eigentlichen Diffusor einströmen, um den gewünschten Effekt zu erhalten.

Um das zu bekommen, ist erstens eine möglichst ungestörte Anströmung (Maßnahmen an der Vorderachse wurden bereits erwähnt) erforderlich und zweitens ein leichtes Wiederhochziehen des Fahrzeugbodens nach ganz vorne, um die Luft zur Öffnung „hinzuführen".

Die gewollte hohe Lufteintrittsgeschwindigkeit erzeugt den gewünschten Unterdruck, der nun am ganzen Fahrzeugboden wirksam ist, also auch in der Mitte, wo das Flügelprofil aus Platzgründen nicht gehalten werden kann. Entsprechend der nach hinten zunehmenden Querschnittsfläche nimmt dann die Luftgeschwindigkeit und somit auch der Unterdruck wieder kontinuierlich ab. Am Fahrzeugende werden dann wieder die Umgebungszustände erreicht.

Das ganze System funktioniert nur dann, wenn erstens das Fahrzeug von vorn gut angeströmt wird (der vordere Eintrittsquerschnitt darf nie zu klein werden) und sich zweitens die Strömung unten am Fahrzeugboden nicht ablöst. Deshalb sind die Böden nur ganz sanft geschwungen. Die Winkel, bei dem es in einem Diffusor gerade noch nicht zu Ablöseerscheinungen und damit zu Wirbeln mit Wirkungsgradverschlechterungen kommt, beträgt etwa 6 bis 7°.

Es ist nun auch leicht verständlich, warum hier nicht die bei anderen Fahrzeugen durchaus sinnvollen Spoiler angewendet werden. Ein Spoiler bringt nur dann etwas, wenn die Fahrzeugunterseite zerklüftet ist. Die Wirkung besteht darin, daß die durch den Spoiler um das Fahrzeug zusätzlich außen herumgeleitete Luft dort weniger Widerstand vorfindet, sodaß der Fahrwiderstand insgesamt durch den Spoiler abnimmt. Bei einem *wing car,* das mit seiner glatten strömungsgünstigen Unterseite von der hier durchgeleiteten Luft lebt, wäre ein Spoiler unsinnig.

Es wird heute oft bestritten, daß noch Zusammenhänge zwischen der Entwicklung von Renn- und Straßenfahrzeugen bestehen. Ich bin der Meinung, daß sehr wohl noch Parallelen zu finden sind. Auf dem Motorsektor beispielsweise ist es die Entwicklung der Abgasturboaufladung, bei der Aerodynamik mit Sicherheit die

anschließenden Schürzen (Abdichtung zur Fahrbahn) gebildet. Die Luftmenge, die von vorne unten in den relativ niedrigen Spalt eintritt, ist gleich der Luftmenge, die hinten austritt, wo der Unterboden endet. Das heißt, daß sich die Luftgeschwindigkeit umgekehrt proportional zu den Querschnitten verhält, also vorne schnell, hinten relativ langsam ist.
Anzustreben ist, daß die Austrittsgeschwindigkeit hinten in etwa der Fahrgeschwindigkeit entspricht oder sogar darüber liegt. Ist dies nicht der Fall, strömt Luft von außen hinten unter das Fahrzeug und hebt hier das Fahrzeug an, was soviel wie Auftrieb bedeutet, der dann wieder mit einem steiler angestellten und damit strömungsungünstigen Heckflügel kompensiert werden muß.
Gelingt es, die Austrittsgeschwindigkeit hinten über die Fahrgeschwindigkeit zu heben, beschleunigt die hier austretende Luft das Fahrzeug zusätzlich. Das ganze System hat dann einen besonders guten Wirkungsgrad.
Das ist natürlich kein Perpetuum mobile. Oder anders ausgedrückt, ein Fahrzeug mit einem so ausgebildeten Boden fährt nicht von allein. In das ganze System wird ja über den Motor laufend Energie hineingesteckt. Die Frage ist nur, welcher Teil der Energie wieder zurückgewonnen werden kann. Je größer dieser Anteil ist, umso

Da die aerodynamischen Details der wing cars durch Seitenverkleidung und Schürzen verdeckt sind, wurden sie hier durch Striche transparent gemacht. Die Menge der vorne unten eintretenden Luft (Unterluft) ist, sofern die Schürzen dicht abschließen, gleich der hinten austretenden Luft. Die höchste Strömungsgeschwindigkeit entsteht im engsten Spalt zur Straßenoberfläche. Eingezeichnet ist auch die ungefähre Lage des Unterdruckzentrums.

wirksam werden. Das liegt etwas über dem vierfachen Wert des in Ruhe befindlichen Fahrzeuges mit Fahrer und etwa halbvollem Tank.
Durch diese mit Hilfe der Aerodynamik erzielte Radlasterhöhung lassen sich nun Kurven bedeutend schneller durchfahren als mit Fahrzeugen ohne Flügel und Bodeneffekt. Nehmen wir einen mittleren Reibungsbeiwert von $\mu = 1{,}2$ an. Dieser Wert sagt aus, daß ein Rad, welches vertikal mit 100 kg belastet wird, horizontal über den Gummi eine Kraft von 120 kg, also den 1,2fachen Wert, auf die Fahrbahn übertragen kann.
Über einfache mathematische Formeln können nun die bei unterschiedlichen Geschwindigkeiten noch zu befahrenden Kurvenradien und die dabei auftretenden Querbeschleunigungen errechnet werden.

Geschwindigkeit	Kurvenradius ohne Abtrieb	Querbeschleunig. ohne Abtrieb	Kurvenradius mit Abtrieb	Querbeschleunig. mit Abtrieb
100 km/h	66 m	1,2 g	48,5 m	1,6 g
200 km/h	268 m	1,2 g	107,5 m	2,9 g
300 km/h	589 m	1,2 g	140,5 m	5,0 g

Kann schon bei einem Radius von 66 m erheblich schneller ums Eck gefahren werden (126 km/h statt 100 km/h), erhöht sich diese Differenz bei größerem Radius enorm. Ohne Abtrieb läßt sich eine Kurve von 140 m Radius gerade mit 146 km/h, mit einem Flügelauto hingegen mit 300 km/h, also doppelt so schnell durchfahren. Beträchtliche Unterschiede treten dabei auch in den Querbeschleunigungen auf. Der Beschleunigungswert, mit der Masse eines Körpers multipliziert, gibt ja an, wie groß die Kraft ist, die daran zerrt. Der Erdbeschleunigung (g) sind wir durch die Erdanziehungskraft (sie wirkt genau nach unten zum Erdmittelpunkt) laufend ausgesetzt und müssen die daraus entstandene Kraft immer überwinden, egal ob wir nun einen Eimer tragen, den Arm heben oder uns nur auf den Beinen halten. Beim extremen Schaukeln z. B. ist ein Mensch am tiefsten Punkt schon 3 g ausgesetzt, das heißt, daß er in diesem Moment dreimal so schwer geworden ist.
Nun gibt es auch Beschleunigungen, die nicht nach unten, sondern nach der Seite gerichtet sind, sie werden Querbeschleunigungen genannt. Ihnen und der Erdanziehung ist man ausgesetzt, wenn man mit einem Auto durch eine Kurve fährt. Wie groß die Querbeschleunigung dabei ist, hängt erstens von den Reifen und zweitens von der Kraft ab, mit der das Auto nach unten gezogen oder gepreßt wird.
Wie schwer ein Auto ist, ist dabei unbedeutend. Das heißt, daß man unter sonst gleichen Voraussetzungen mit einem leichten und schweren Auto gleichschnell

durch eine Kurve fahren kann. Die Querbeschleunigung, die dabei auftritt, wird allein durch die Reifen (Reibungsbeiwert μ) bestimmt. Reibungsbeiwert $\mu = 1{,}2$ bedeutet Querbeschleunigung 1,2 g. Diese Querbeschleunigung ist für ein Rennfahrzeug ohne Aerodynamik auf trockener Bahn ein üblicher Wert. Dieser Wert, und damit auch die Querbeschleunigung, die auf den menschlichen Körper wirkt, geht schlagartig zurück, wenn es zu regnen beginnt oder gar Schnee auf der Fahrbahn liegt. Dann kann man nur mehr mit etwa einem Zehntel des ursprünglichen Wertes rechnen.

Bei einem Fahrzeug ohne Aerodynamik ist der Maximalwert (Grenzwert) immer gleich groß (unser Beispiel 1,2), unabhängig davon, wie groß der Kurvenradius ist. Enge Kurven können nur langsamer durchfahren werden als weite. Die Tabelle

Weiter nach vor kann der Fahrer wirklich nicht mehr gerückt werden, weil das Maß von Vorderradmitte bis Fahrzeugvorderkante mit 120 cm vorgeschrieben ist. Vor den Füßen des Fahrers ist gerade noch Platz für die Hauptbremszylinder und die Knautschzone. Die „Aerodynamik" dieses Talbot ist bis über die Hinterräder hinausgezogen, was dem ohnehin schon langen Auto (wegen des Zwölfzylindermotors) ein noch längeres Aussehen gibt.

zeigt, daß man mit den zitierten Reifen bei 100 km/h gerade einen Radius von 66 m befahren kann, für 200 km/h wird der Radius schon 268 m, bei 300 km/h gar 589 m (kaum mehr als Kurve zu erkennen). In allen Fällen wirkt auf den Fahrer zum Kurvenaußenrand das 1,2fache Körpergewicht, für einen gesunden Menschen kein Problem.

Ganz anders bei den Flügelautos. Ohne die Masse des Autos zu erhöhen, wird jetzt durch die Anpreßkraft die Radaufstandskraft des Reifens beträchtlich erhöht. Der Reifen selbst hat nach wie vor den Reibungsbeiwert $\mu = 1{,}2$. Aber durch die größere Vertikalkomponente (bei 300 km/h war es immerhin der über vierfache Wert) kann der Reifen nun auch die über vierfache Querkraft aufnehmen. Dabei kommt es zu sagenhaften Querbeschleunigungen von 5 g, was bedeutet, daß auf den Körper das fünffache Gewicht einwirkt. Das kann man nur mehr als guttrainierter Sportler und auch dann nur kurzzeitig aushalten.

Gott sei Dank gibt es auf den diversen Rennstrecken kaum Kurven, die so schnell befahren werden. Eine der schlimmsten ist die Rechtskurve nach der langen Geraden in Paul Ricard.

Ein Teil der auf schnellen Rennstrecken verblüffenden Rundenzeitenverbesserungen (an den Motoren hat sich nicht allzuviel getan) ist natürlich auf die höheren Kurvengeschwindigkeiten zurückzuführen. Ein anderer Teil durch das bessere Brems- und Beschleunigungsverhalten. Durch die Aerodynamik werden nun vor allem aus hohen Geschwindigkeiten erheblich kürzere Bremswege erreicht. Die Zusammenhänge sind dieselben wie bei Kurvenfahrt. Das bedeutet, daß mit einem Flügelauto aus 300 km/h über viermal so stark verzögert werden kann wie mit Autos ohne Abtrieb.

Auch beim Beschleunigen ist die Aerodynamik wirksam. So gibt es bei trockener Bahn kaum Kurven, wo beim vollen Durchtreten des Gaspedales die Antriebsräder durchdrehen. Die Entwicklung hat auch den Turbomotoren geholfen. Je mehr voll gefahren werden kann, desto weniger wirkt sich das sowieso nur noch leicht verschlechterte Ansprechverhalten aus.

Die Schürzen (Dichtleisten)

Einen wesentlichen Anteil am Prinzip der Flügelautos haben die seitlichen Schürzen mit den daran befestigten Dichtleisten. Sie haben die Aufgabe, den Unterdruckraum unter dem Auto gegen die Fahrbahn hin möglichst gut abzudichten. Dies ist notwendig, um eine möglichst gute Ausnützung des Unterdruckeffektes zu erhalten. Die Schürzen schließen ja erst den Diffusor, der zum Teil aus Auto und

zum kleinen Teil aus Straße gebildet ist. Die Schürzen verhindern das seitliche Eintreten der Umgebungsluft in die Unterdruckzone und stellen so sicher, daß der Unterdruck unter dem Auto auf die maximal mögliche Fläche wirksam bleibt.
Zwar erreicht man auch noch ohne Schürzen einen Bodeneffekt, der ist aber stark abgeschwächt. Ohne Schürzen lassen sich die Autos schlagartig anders fahren. Die enormen Quer- und Längsbeschleunigungen sind sofort weg, die Autos driften wieder, in Kurven wird wieder mehr mit dem Gaspedal gefahren, für die Zuschauer und Fahrer sicher attraktiver.
Wie wichtig die Dichtleisten für das Funktionieren der Flügelautos und damit deren Sicherheit und für die Reduktion der Rundenzeiten sind, zeigt sich auch an der Tatsache, daß schon jahrelang darüber diskutiert wird und das Reglement schon mehrfach geändert wurde.
Ursprünglich waren die Schürzen seitlich am Fahrzeug beweglich montiert. Führungsschlitze sollten sicherstellen, daß die Schürzen oder deren Dichtleisten dauernd am Boden schleifen können und so unter allen Fahrzuständen eine optimale Abdichtung gewährleistet ist. Klar verändert sich der Abstand zwischen Fahrbahn und Auto laufend – und zwar auch unterschiedlich auf der rechten und linken Seite. Die Ursachen dafür sind der variable Anpreßdruck, Bodenunebenheiten und die Gewichtsverlagerung beim Bremsen, beim Beschleunigen und bei Kurvenfahrt. Die Führungsschlitze sollten nun dauernd diese Unterschiede ausgleichen, die durch das Ein- bzw. Ausfedern des Autos entstehen. Auch wurden Versuche mit richtigen Bürsten unternommen.
Das ganze bewegliche Dichtleistensystem funktionierte nicht optimal, außerdem kam es zu Unfällen, weil hin und wieder die Leisten davonflogen. Die Gegner der Schürzen erwirkten, daß bewegliche Schürzen verboten und eine Bodenfreiheit (bei stehendem Auto) von 6 cm vorgeschrieben wurde, damit dachte man, dieses Problem gelöst zu haben. Findige Köpfe, die beim Umgehen des Reglements nie verlegen sind, fanden sofort die Gegenlösung.
Zunächst wurden die Schürzen, die ja bisher fast steif waren, zweiteilig elastisch ausgebildet und starr an die Seitenteile geschraubt, womit Punkt 1 der neuen Vorschrift erfüllt war.
Punkt 2 erfüllte man mit kleinen Öldruckhebern, die auf die Radaufhängungen wirkten und so das Auto bei Bedarf (technische Abnahme und an den Boxen, also in Ruhe) um den Betrag der vorgeschriebenen Bodenfreiheit lifteten. Im Training und Rennen wurde mit abgesenktem Auto und damit optimaler aerodynamischer Wirkung gefahren. Die Funktionäre hatten zwar die modernste Technologie, um den Bodenabstand zu kontrollieren, nämlich mit Laserstrahl, das half aber wenig.
Um den Blödsinn mit den hydraulischen Wagenhebern zu beenden, hob man dann für 1982 die Bestimmung mit den 6 cm Bodenabstand der Schürzen auf.

Geblieben ist das Problem, mit starr angeschraubten, mehr oder weniger elastischen Schürzen unter allen Fahrzuständen eine optimale Abdichtung zu bekommen. Zusammen mit der Gestaltung des Unterbodens ist es der Spielball der heutigen Formel-1-Autos schlechthin. Alle anderen Faktoren wie Art der Radaufhängung – unterschiedliche Federn – verschiedene Stoßdämpfereinstellungen – Stabilisatoren sind in den Hintergrund getreten.
Die Fahrzeugfedern beispielsweise haben nur mehr eine Funktion, nämlich bei stärkstem Abtrieb die für die Aerodynamik notwendige Bodenfreiheit (Einströmquerschnitt) sicherzustellen. Das bedeutet, daß sie für ca. 2300 kg Abtrieb + 700 kg Fahrzeuggewicht, also etwa 3000 kg, ausgelegt werden müssen. Und so sehen die Federn auch aus. Sie sind extrem kurz, haben einen dicken Drahtdurchmesser und sind dadurch so steif wie die Federn eines kleinen LKWs. Bei allen Fahrzuständen außer Höchstgeschwindigkeit ist der heutige Formel 1 damit gnadenlos zu hart gefedert. So absurd es klingt, bei hohen Geschwindigkeiten sind die Autos, abgesehen von den Querbeschleunigungen, relativ angenehm zu fahren.

Schürzenwechseln gehört heute zum täglichen Brot der Mechaniker. Es ist ziemlich mühsam, weil viele kleine Schrauben zu lösen beziehungsweise festzuziehen sind. Der Talbot mit dem imponierenden V12-Motor hat auch hinten zwei Bremssättel pro Bremsscheibe.

Bei langsamer Geschwindigkeit wird man verrückt, weil man glaubt, es beutelt einem das Gehirn aus dem Schädel. Selbst im Fernsehen erkennt man, wie die Autos da herumspringen, weil die Räder keiner Bodenunebenheit mehr folgen.
Wenn man die Schürzen betrachtet, erkennt man auch, daß sie keinen Federweg gebrauchen können. Auf der einen Seite sollen sie halbwegs elastisch sein, auf der anderen dürfen sie nicht zu elastisch sein, weil sie sonst von der seitlichen Luft, die ja immer in die Unterdruckzone einströmen will, weggedrückt werden, was dann wieder keinen optimalen Bodeneffekt bedeuten kann.
Die Schürzen werden, um halbwegs den Anforderungen zu genügen, zweiteilig ausgeführt. Sie bestehen aus einer Dichtleiste (ca. 2 cm), die am Boden streift, und dem eigentlichen mehr oder weniger elastischen Schürzenmaterial (ca. 6 cm). Die Teile sind gegeneinander verschraubt. Die Dichtleiste mit vielen kleinen Schrauben an der Schürze, die Schürzen mit vielen kleinen Schrauben an den Seitenteilen der Karosserie. Das Ganze ist so ausgeführt, daß die Schürzen nicht genau senkrecht nach unten hängen, so könnten sie ja überhaupt keinen Federweg aufnehmen, sondern schräg nach innen. Beim Einfedern ändert sich dann der Winkel mehr oder weniger stark. Die Schürzen sind also etwas länger als der reine Bodenabstand.
Nach dem Hochheben des Wagens, etwa beim Radwechsel, kommt es beim Ablassen des Autos oft vor, daß die Schürzen nicht freiwillig nach innen einklappen, sondern nach außen. Sie müssen dann mittels Fußtritten oder Hammerschlägen nach innen gestoßen werden.
Das verwendete Material ist Gegenstand halber Weltanschauungen.
Für die Dichtleisten gilt: Sie müssen etwas elastisch sein, sollen unbedingt eine volle Grand-Prix-Distanz halten und dürfen beim Rutschen an der Straßenoberfläche das Fahrzeug nicht allzusehr abbremsen. Die Schleifwirkung ist so stark, daß man ohne Motorkraft etwa vier Mechaniker braucht, um das Auto überhaupt zu schieben.

Varianten für Schürzen (am Wagen) und Dichtleisten (am Boden) in Hülle und Fülle.

Selbstverständlich macht das auch häßliche Geräusche, die mit einem Auto nichts zu tun haben. Wichtig ist noch, daß sich die Leisten über ihre volle Länge (ca. zwei Meter) gleichmäßig abnützen. Bei vorzeitigem Verschleiß vorn oder hinten würde sich das Fahrverhalten wieder grundlegend ändern.
Zu Beginn der Saison 1982 wurde heftig nach einer Art Super-Kunststoff für die Dichtleisten gesucht. Die tollsten Dinger wurden entwickelt, bis wir draufkamen, daß sich mit Holz die beste Wirkung erzielen läßt. Es stellten dann McLaren und die anderen führenden Teams auf Holzleisten um, wobei mehrere dünne Schichten übereinander geleimt sind. Man kann sich das als Block von 2×2 cm vorstellen, der an dem Kunststoff der Schürzen angeschraubt ist. Wenn die Schürzen zu lang sind (der Wagen zu tief ist), werden die Schürzen so weit schräg nach innen gebogen, sodaß die volle Bodenauflage nicht nur über die Holzleisten, sondern auch über den darüberliegenden Kunststoff erfolgt. Dann sind die Schürzen natürlich sehr bald durchgescheuert.
Bevor allgemein auf Holz umgeschwenkt wurde, versuchten die Teams noch alle möglichen Tricks mit den Dichtleisten. Die Verwendung von Metall ist laut Reglement verboten. Im Frühjahr 1982 probierte Ferrari einmal bei einem Training neue Schleifleisten aus. Der Wagen kam über die Gerade gedonnert und zog hinter sich eine Rauchfahne her, als ob er brennen würde. Es war blauer Rauch, und wir glaubten, der Motor sei kaputt, dabei waren es nur kleine Eisenteile, die in die Dichtleisten eingegossen waren, die wie verrückt Funken schlugen und diesen ganzen Zirkus produzierten.
Für die Schürzen selbst wird allgemein ein Kunststoffband (Dicke ca. 10 mm) verwendet, das genau so lang ist wie die Dichtleiste. Schürzen mit unterschiedlicher Elastizität sind immer vorrätig. Wir unterscheiden weich, mittel und hart. Beim harten Band ist die aerodynamische Wirkung am besten, dafür der Verschleiß der Dichtleisten am größten. Das Band und seine Befestigung an den Seitenwänden entscheiden mit über die gleichmäßige und gesamte Abnützung der Dichtleisten.
Ich denke, es ist jetzt auch leicht verständlich, warum sich heute im Verlauf eines Rennens die Fahrzeuge in ihren Rundenzeiten oft so stark verändern. Neben den Reifen sind daran vor allem die Dichtleisten schuld. Meistens tritt eine generelle Verschlechterung ein, weil ja im Training alles optimal abgestimmt wurde. Aber es hat auch schon Fälle gegeben, wo gegen Ende des Rennens ein Fahrzeug aus dem Mittelfeld vorstieß und noch gewann, weil gerade das führende Auto immer mehr mit Problemen zu kämpfen hatte. Da hilft dann dem bisherigen Leader seine ganze Fahrkunst nichts. Das aerodynamische Handicap kann durch nichts wettgemacht werden.
Um die Dichtleisten und die davon beeinflußte Aerodynamik dreht sich auch alles beim Training. Der aufmerksame Beobachter eines Formel-1-Trainings wird

feststellen, daß an den Boxen fast ausschließlich an der „Aerodynamik“ herumgeschraubt wird. Wo früher verschiedene Federn, Stabis, Stoßdämpfer, Radkinematiken ausprobiert wurden, gibt es heute verschiedene Flügel und Schürzen zu erproben und zu beurteilen. Jeder weiß, daß hier mehr zu holen ist als in einer zehnprozentig geänderten Stoßdämpfereinstellung. (Ein Experimentieren mit verschiedenen *underbodies* kann sich wegen der hohen Entwicklungskosten niemand leisten. Die besten Teams haben zwei verschiedene Arten von Fahrzeugböden, eine für schnelle und eine für langsame Strecken, und müssen damit leben.)

Die kurveninnere Schürze hebt in dieser Linkskurve schon leicht vom Boden ab, weil sie nicht genug elastisch ist, während die äußere voll aufliegt.

Das Leben mit einem „aerodynamischen“ Auto

Ich habe schon beschrieben, daß sich die Autos nur bei hohen Geschwindigkeiten halbwegs vernünftig fahren lassen, weil dann Feder- und Dämpferabstimmung einigermaßen stimmen. Wenn man wie in Kyalami bei der Boxenausfahrt, wo man noch langsam ist, über zwei Bodenwellen drüber muß, verzweifelt man an der ganzen Rennerei. Ungefedert und ungedämpft kommen die Schläge bis in den Sitz, der auch nur aus einer dünnen Kunststoffschale besteht. Auf welligen Rennstrecken springen die Autos herum, daß einem die Lust am Fahren vergeht. Kriminell ist auch das Überfahren der *curbs,* der überhöhten seitlichen Kurvenbegrenzungen. Ich versuche, so weit außen aus der Kurve rauszukommen, daß ich da gerade noch nicht drüber muß. Passiert es doch einmal, weißt du nicht, wo dann dein Auto mit dir hinspringt.

Bei einem *wing car* können die sonderbarsten Zustände auftreten. So passiert es zum Beispiel, daß das Auto auf einer Geraden vorne aufschlägt. Man tippt auf minimale Fahrbahnwellen und gibt der nicht vorhandenen Federung die Schuld am Aufschaukeln der Vorderachse. Aber es pumpert dauernd, zumindest auf den Geraden; auf Höhe der Füße schlägt der Wagen mit wechselnden Frequenzen nach unten durch. Als Fahrer hat man das Gefühl, der Wagen würde springen wie ein Geißbock, der Formel-1-Slang nennt es *porpoising.*

Erklärung: Luftströmungen auf Irrwegen. Der Weg der Luft durch die aerodynamischen Hilfsmittel des Wagenbodens wird aus irgendeinem mysteriösen Grund gestört, es entsteht ein Luftpolster, der immer größer wird und sich dann abbaut, weil durch das Hupfen die *skirts* irgendwann nicht mehr dicht abschließen und daher Luft ablassen. Dann saugt sich der Wagen vorerst wieder fest und fängt dann von vorn an sich hochzupumpen.

Das Dramatische daran ist, daß es an Ort und Stelle keine Hilfe dagegen gibt. Da läßt sich nichts verstellen und adaptieren, es gibt nur die Erkenntnis: Du hast ein schlechtes *underbody* und kannst nur darauf warten, daß dir dein Designer ein neues baut, das vielleicht besser sein wird – irgendwann.

Vor Saisonbeginn 1982 hatten wir dieses Problem mit dem Hochpumpen der Vorderachse. John Barnard hatte schon vorher mit Windkanaltests begonnen und sagte, er sei schon auf dem rechten Weg – in Südafrika werde alles okay sein. Ich war unheimlich skeptisch, denn man kann sich ja nicht einmal mehr auf den Windkanal verlassen (obwohl es natürlich schon ein enormes Plus ist, wenn ein Team in einem Windkanal arbeiten kann, das können sich nur wenige leisten). Jedenfalls war ich skeptisch, als Barnard sagte, er habe um 30% mehr Anpreßdruck im Windkanal gefunden. Erstens kann sich das echte Auto auf der Straße anders

Das ist ungefähr das Äußerste, was heute noch an Drift zustande kommt (Laffite auf Talbot in der Tarzan-Kurve von Zandvoort), normalerweise fahren die modernen Autos wie auf Schienen durch die Kurve.

verhalten als das 1 : 4-Modell im Windkanal, zweitens ist ja die Quantität des Anpreßdrucks nicht allein ausschlaggebend für die Fahrbarkeit des Autos. Man kann Anpreßdruck gewinnen und trotzdem mit einem störrischen Esel herumgurken. Das könnte dann sein, wenn das *center of pressure* zu weit vorn liegt – da wird die Vorderachse zwar tüchtig an den Boden gesaugt, dafür ist das Heck des Wagens außer Kontrolle. Daher muß man das *center of pressure* verschieben, was wiederum nur durch das Design des *underbody* möglich ist. Je weiter man den Punkt des maximalen Anpreßdrucks in Richtung Mitte bringt, desto besser ist das Auto in Balance, desto neutraler ist es, und desto besser läßt sich die volle Ansaugwirkung nützen.

Inzwischen ist es möglich, über das *center of pressure* in Tests Aufschluß zu bekommen. Wenn der Designer mit der Windkanal-Arbeit fertig ist und das neue *underbody* zur Verfügung steht, gehen wir auf die Michelin-Teststrecke in Clermont-Ferrand. Auf diesem phantastischen Gelände gibt es eine lange Gerade mit zwei im Boden eingelassenen Waagen. Das schaut nicht viel anders aus als zwei Kanaldeckel auf der Straße. Mit den linken Rädern muß ich diese Deckel genau erwischen, und zwar mit 80, 190 und 280 km/h. Das dauert zwei Tage lang und ist schrecklich fad, aber ich kann mich dabei nicht vertreten lassen, weil diese Waagen haargenau in der Mitte angefahren werden müssen, sonst gibt es keine Messung. Auf jeden Fall läßt sich durch diese Messungen die Lage des *center of pressure* herausfinden, und wenn das halbwegs mit den Windkanal-Informationen übereinstimmt, sind die Chancen gut, daß das Auto in Ordnung ist. Jedenfalls kamen wir im Jänner 1982 mit völlig neuen Autos nach Südafrika, von denen nur unser Designer hundertprozentig überzeugt war – sie funktionierten tatsächlich auf Anhieb, was nach den vorhergegangenen miserablen Testergebnissen – vor allem durch das „Hochpumpen" – ein Wunder war.

McLaren hatte dann sicherlich im Lauf der Saison auf manchen Rennstrecken die Autos mit dem höchsten Anpreßdruck, also mit den höchsten Kurvengeschwindigkeiten. Das läßt sich nicht bis ins Unendliche steigern; mit einer extremen Saugwirkung wachsen auch die Probleme. Wenn wir uns so wild in den Boden hineinsaugen, wirft uns jede Bodenunebenheit gleich aus dem Konzept, außerdem nützen sich die Schleifleisten der Schürzen rascher ab.

Das Material der Leisten ist eine Sache, der Winkel der *skirts* eine andere. Das ist ungeheuer kompliziert und entscheidet darüber, ob eine kurvenäußere Schürze Luft abläßt oder nicht. Entweicht Luft auf einer Seite, bekomme ich plötzlich ein ganz unstabiles Fahrverhalten.

Dazu kommt noch, daß die extrem hohen Kurvengeschwindigkeiten manchmal unsere Reifen überfordern. Urplötzlich werden sie mit dem Gewicht von sagen wir 3000 Kilo, das in einer schnellen Kurve auf ihnen lastet, nicht mehr fertig, und die Flanken geben nach. Der Reifen kann nicht mehr die ganzen Kräfte aufnehmen, und du rutschst so lang hinaus, bis sich der Reifen wieder aufstellt und greift.

Mysteriös wird es dann, wenn im Training das Auto gut liegt, der Motor gut geht, ich mit letztem Einsatz fahre und trotzdem um eine Sekunde langsamer bin als irgendein anderer Cosworth. Früher hat man sich da mit den Vorder- und Hinterflügeln herumgespielt und verschiedene Anstellwinkel ausprobiert. Jetzt kann man nur mit Hilfe der verstellbaren Federteller das Auto tiefer oder höher setzen, also sich für mehr oder weniger Anpreßdruck entscheiden. Wenn du das Auto weiter hinunterläßt, sind alle Flügelprofile näher am Boden, der Luftkanal wird verkleinert, die Luftgeschwindigkeit unter dem Wagen wird erhöht, und die *skirts* dichten die Fahrbahn besser ab.

Welche Einstellung, sprich Bodenfreiheit, man wählt, wird sehr von der Fahrbahnbeschaffenheit abhängen. Bei recht welliger Strecke wird man eher weniger *pressure* wählen, um nicht gar so unkontrolliert über die *bumps* zu springen. Auch das Verhältnis zwischen langsamen Kurven und Geraden einer Rennstrecke ist entscheidend – mit hoher Saugwirkung kann ich zwar die Kurven extrem schnell fahren, dafür saugt sich der Karren auf der langen Geraden derart vehement in den Boden,

daß er weit unter der möglichen Höchstgeschwindigkeit bleibt.
Will man das Auto für eine besonders schnelle Strecke einstellen, zum Beispiel Paul Ricard oder Österreich-Ring oder Zandvoort, liegt folgender Gedankengang nahe: Ich reduziere meinen Flügel hinten auf ein logisch scheinendes Minimum, dann fahre ich mit dem Vorderteil des Wagens in die Höh', um vorne Anpreßdruck zu verlieren, damit das Auto in Balance kommt. Wenn ich hinten wenig Flügel habe (also flache Stellung) und mit der Nase weit unten bin, habe ich auf den Vorderrädern so viel Druck, daß der Wagen schrecklich übersteuern wird. Daher muß ich vorn den Druck reduzieren, indem ich das Auto über die Federteller in die Höh' schrauben lasse, etwa 3 bis 5 Millimeter, dann habe ich ordentliche Balance und eine zufriedenstellende Höchstgeschwindigkeit.

Kurventechnik mit dem *wing car*

Eigentlich ist das Wort Kurventechnik Hochstapelei. Was sich heute abspielt, ist eine Vergewaltigung von Mensch, Material und Physik. Früher hat man mit viel Gefühl und optimaler Fahrzeugabstimmung die Haftgrenze gesucht. War man zu schnell oder machte man einen Fahrfehler, begann man zu driften und zaubern und kam in spektakuläre Situationen, um das Auto wieder einzufangen. Der Unterschied zwischen einem mittelmäßigen Fahrer und einem Genie am Steuer war ganz offensichtlich.
Heute ist das so: Du kommst auf möglichst enger Linie und machst am Kurveneingang, solange das Auto noch ohne Fliehkraft-Belastung ist, den Lenkradeinschlag. Damit ist die Sache eigentlich erledigt. Was immer du da eingeschlagen hast, muß stimmen für den ganzen Verlauf der Kurve. Sobald die volle Belastung der Fliehkraft auf dem Auto ist, kannst du am Lenkrad kaum noch drehen – es ist festgegangen. Und solltest du es auch drehen können und sozusagen eine Lenkkorrektur anbringen, passiert folgendes: Das Auto, das wie in einem Schraubstock niedergepreßt ist, beginnt plötzlich zu hupfen, dadurch wird die Luftabdichtung der *skirts* unterbrochen, dadurch stimmt die ganze Aerodynamik nimmer, das Auto ist unberechenbar, und die Chancen des Rausfliegens sind ganz wunderbar. Das heißt also: Du kommst zur Kurve, schlägst einmal ein, und das muß stimmen. Wenn es nicht stimmt, ist Gaswegnehmen samt Bremsung immer noch gescheiter als eine Korrektur. Das führt zwar zu einer sehr unangenehmen Situation, die aber noch leichter in den Griff zu kriegen ist als ein Aufschaukeln der Schürzen oder gar ein Berühren der *curbs,* also der Randsteine.
Im alten Fahrstil war das völlig anders: Wenn der Lenkeinschlag zu gering war, hat

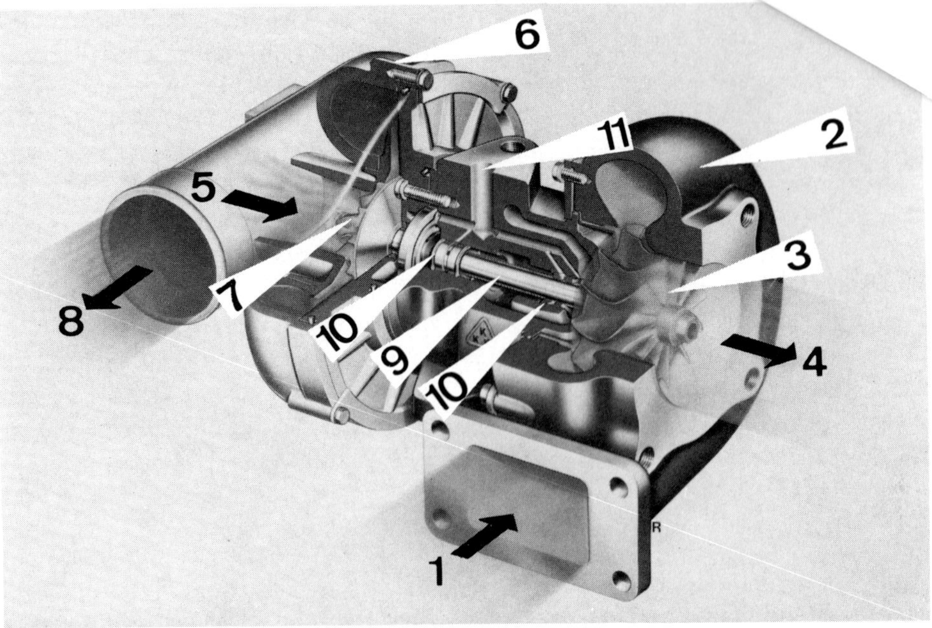

Zauberwort Turbo, genauer Abgasturbolader. Dieses heute überwiegend verwendete Gerät zur Aufladung von Verbrennungsmotoren sieht sehr einfach aus, ist aber wegen der hohen thermischen Beanspruchung und der ungeheuren Luft- und Abgasmengen, die hier durchgesetzt werden, ein recht empfindliches und kompliziertes Gebilde. Führender Turbo-Hersteller für die Rennmotoren der Formel 1 ist die deutsche Firma KKK = Kühnle, Kopp und Kausch (bloß Brian Hart verwendet für seinen Motor einen Lader der amerikanischen Firma Garrett). Bei den V-Motoren von Renault und Ferrari werden je zwei kleinere Lader, bei den Reihenmotoren von BMW und Hart je ein größerer verwendet. Die über 1000 Grad Celsius heißen Abgase treten bei (1) in das Turbinengehäuse (2) ein, treiben hier das Turbinenrad (3) an und verlassen die „heiße" Seite durch die Öffnung (4). Auf der „kalten" Seite ist es genau umgekehrt. Die später dem Motor zuzuführende Frischluft (5) tritt in der Mitte des Verdichtergehäuses (6) ein, wird durch das vom Turbinenrad (3) angetriebene Verdichterrad (7) mittels gemeinsamer Welle auf Druck gebracht und verläßt das Spiralgehäuse bei (8). Durch die Verdichtung ist die Luft hier 180 bis 200°C heiß geworden. Diese heiße Luft wird zum Ladeluftkühler geleitet, wo eine Rückkühlung auf ca. 50 bis 60°C stattfindet, erst dann geht's in den Motor. Die Turboladerwelle (9) mit den beiden Rädern dreht bis zu 120.000 U/min und ist in zwei Gleitlager (10) gelagert. Die Lager werden über die am Motorölkreislauf angeschlossenen Versorgungsbohrungen (11) gekühlt. Das Öl tritt aus dem Lagergehäuse nach unten aus und läuft zurück in die Ölwanne oder direkt zur Ölpumpe.

...ch. Die Verlagerung des Fahrzeugschwerpunktes Richtung Antriebsräder und der Aufbau des Drehmoments an den Rädern stehen in einem sehr günstigen Verhältnis, was insbesondere auf glatter Bahn oder beim Beschleunigen aus Kurven günstig ist. Wild durchdrehende Antriebsräder und damit ruckartige Längs- oder Querbewegungen mit Überschreitung des optimalen Kraftschlußbeiwerts sind dem Turbofahrer weitgehend fremd.
Eines der größten Probleme war lange Zeit das Ansprechverhalten, also das Reagieren auf die Bewegung des Gaspedals. Das, was heute oft Rallyepiloten machen, nämlich mit dem linken Fuß zu bremsen und gleichzeitig mit dem rechten Fuß Gas zu geben, um den Turbomotor am Leben zu erhalten, funktioniert auf Rallyepfaden, wo man meistens allein unterwegs ist, natürlich besser als in der Formel 1 mit ihren Nahkampf-Verhältnissen. Auch das Anfahren aus dem Stand stellte einen Formel-1-Turbomotor anfangs vor enorme Probleme. Durch kontinuierliche Weiterentwicklung starten inzwischen zumindest die Renault und Ferrari genau so gut

Turboladerwechsel. Ein Wechsel des oder der Turbolader ist nicht nur dann notwendig, wenn ein Gerät defekt ist. Das kommt seltener vor, als in der Zeitung zu lesen ist, denn an den zahlreichen Motorschäden bei den Turbomotoren ist meist nicht der Turbolader, sondern der Motor selber schuld, weil er den hohen Ladedruck nicht klaglos verarbeiten konnte. Häufigste Schadensursache sind Folgeerscheinungen einer klopfenden Verbrennung, wie zerfressene Kolben oder Zylinderköpfe, durchgebrannte Ventile oder Zylinderkopfdichtungen. Durch Variation verschiedener Verdichter oder Turbinengehäuse läßt sich der Turbomotor an Rennstrecken anpassen. Bei Rennstrecken, wo es auf reine Höchstleistung ankommt, wird man größere Einheiten verwenden, bei engen Kurven wird man auf kleinere zurückgreifen, die das Ansprechverhalten der Motoren von unten heraus verbessern.

wie die Saugmotoren. Meister beim Turbo-Starten ist Alain Prost, der schon manchmal aus der zweiten oder dritten Startreihe den Sprint bis zur ersten Kurve für sich entschieden hat. Er und sein Motor beherrschen dieses Spiel ideal: Motordrehzahl – Kupplung einrücken – Ladedruckaufbau und Leistungseinsatz.
Auch beim Herausbeschleunigen aus engen Kurven reagieren inzwischen Turbomotoren fast oder genau so spontan wie die 3-Liter-Saugmotoren. Vom früheren Turboloch ist kaum noch etwas zu merken. Es ist also gelungen, das Verhalten bei Lastwechsel wesentlich zu verbessern und damit die Konkurrenzfähigkeit der aufgeladenen Motoren Schritt für Schritt zu steigern. Das mußte gar nicht mit Leistungseinbußen erkauft werden, im Gegenteil, die Turbos scheinen alle paar Monate einige PS zu gewinnen.

Ausgangspositionen von Saug- und Turbomotor für die nächsten Jahre

Das Restpotential, das die 3-Liter-Saugmotoren bei der Entwicklung zu noch mehr Leistung haben, ist relativ leicht abzuschätzen. Bei unverändertem Hubraum wird die heutige Spitzenleistung von 500 PS bei 10.500 U/min noch einmal um rund fünf Prozent zu steigern sein. Ich möchte aber nochmals besonders darauf hinweisen, daß die Konkurrenzfähigkeit von Rennmotoren nicht nur von der tatsächlichen Höchstleistung abhängt, sondern noch von vielen anderen Faktoren – und da haben Saugmotoren immer noch Vorteile.
Die Adaption von Saugmotoren ins Rennfahrzeug ist und bleibt erheblich einfacher als die von aufgeladenen Motoren. Saugmotoren sind weitgehend unabhängig. Das, was man am Prüfstand mißt und erarbeitet hat, findet man meist auch wieder im Auto, es gibt wenig Überraschungen. Zur Kühlung benötigen diese Motoren meist nur einen relativ kleinen Wasserkühler sowie einen Ölkühler. Die Unterbringung im Fahrzeug ist einfach und stört kaum die komplizierte Aerodynamik (sofern der Motor die richtige Bauweise hat).
Auch von der Standfestigkeit und Wartung her haben Saugmotoren noch ein Plus und werden es immer behalten. Einfacher und übersichtlicher geht's halt nicht – nicht nur für die Motoren, sondern fürs gesamte Fahrzeug und die Mechaniker. Wichtige Rennen wurden und werden selten dadurch entschieden, daß Saugmotoren ihren Geist aufgeben, die Maschinen sind standfest und ausgereift. Saugmotoren sind etabliert, also das Maß der Dinge. Sollte die Turbo-Überlegenheit unerträglich werden, werden sich aufgeladene Motoren an den Saugern zu orientieren haben und

nicht umgekehrt. Im Sinn möglichst gleichwertiger Autos und damit spannender Rennen werden sich dann neue Bestimmungen, das heißt Restriktionen für den Turbomotor, nicht vermeiden lassen. Man spricht da oft von einer Hubraumverkleinerung, etwa auf 1,4 Liter, aber ich meine, da sollte es noch andere Mittel geben, die nicht zur plötzlichen Wertlosigkeit sündteurer Motorenentwicklungen führen. Jede andere Drosselung, Verbrauchsbeschränkung oder Gewichtsreduktion (= Vorteil für Sauger) käme mir sinnvoller vor, außerdem ist das Problem nicht isoliert zu sehen: Da spielt auch der Themenkreis Aerodynamik wieder eine ganz große Rolle, denn sie entscheidet ja letzten Endes über den Wert oder Unwert von überschüssiger Leistung.

Weit mehr als der Saugmotor ist der Turbo auf sein gut funktionierendes Umfeld angewiesen. Dieses Umfeld ist allerdings auch dafür verantwortlich, daß das

Ist das der Turbomotor der Zukunft? Alfa Romeo stellte schon 1980 den Prototyp eines 1,5-l-Achtzylinders in V90° vor, der auf jeder Seite einen Abgasturbolader besitzt. Das Volumen des einzelnen Zylinders hat nur noch 187 cm^3. Die Leistung wird mit 430 kW (585 PS) bei 11.200 U/min angegeben.

Der Renault-Turbo
(und ein paar grundsätzliche Gedanken zu Formel-1-Turbos)

Natürlich kommen die aufgeladenen Motoren aus dem Rennsport, und zwar aus dem amerikanischen. Über den Sport kamen Turbolader in die Serienfahrzeuge, es gibt also einen direkten Zusammenhang zwischen Motorsport und Straßenfahrzeugen. So viele Turbos wie heute hat es noch nie gegeben, das gilt für Straßen- und Rennfahrzeuge. Fast alle PKW-Hersteller haben mindestens einen Turbomotor im Programm. Renault betreibt die Turbopolitik am aktivsten, hier werden praktisch in allen Klassen alle möglichen Arten der Aufladung angewendet. Inzwischen werden mit aufgeladenen Fahrzeugen (Audi Quattro, R 5 Turbo) die meisten Rallyes gewonnen. Alle Newcomer der Formel 1 verwenden aufgeladene Motoren. Die Turboaufladung ist also in keinem Fall mehr eine bloße Modeerscheinung.

Die Renault-Leute waren die ersten, die die Chancen des Turbo in der Formel 1 erkannten, und zwar zu einem Zeitpunkt, als kaum jemand anderer daran glaubte. Den Anfang der Renault-Turbos habe ich am Ende meiner ersten Karriere gerade noch miterlebt. Es begann meist mit guten Trainingszeiten, ganz schlechten Starts in den Rennen und frühen Ausfällen infolge technischer Schäden. Doch Renault hat diese Durststrecke vorerst glänzend hinter sich gebracht, ist allerdings im ersten Halbjahr 1982 in eine mysteriöse Strähne der Erfolglosigkeit geraten. Trotzdem ist ein Renault-Formel-1-Auto heute imstande, jeden Grand Prix der Welt zu gewinnen.

Also: Renault-V-90°-Sechszylinder-Turbo. Man nehme einen vorhandenen Motor und lade ihn auf. Diesen Weg gehen heute alle, die mehr Leistung wollen, egal ob für Rennsport oder Straße. Es muß also kein neuer Motor entwickelt werden. Man kann – so man hat – auf ein geeignetes Triebwerk zurückgreifen und muß es nur insofern modifizieren, daß es den hohen thermischen und mechanischen Beanspruchungen eines Turbo standhalten kann. Ein nächster Fortschritt der ganzen Renn-Turbo-Technologie ist zu erwarten, wenn der erste auf die speziellen Belange der Aufladung hin entwickelte Formel-1-Motor (Porsche) kommt. Im Fall Renault nahm man also den von der Formel-2-Europameisterschaft her bekannten Sechszylinder-V-90°-Motor mit zwei Liter Hubraum. In der Formel 2 war dieser Motor ab 1973 eingesetzt worden. Erste Höhepunkte erlebte diese Maschine 1976 und 1977 durch Siege in der Formel-2-EM, ein weiterer Glanzpunkt war der Gewinn der 24 Stunden von Le Mans 1978 in einer aufgeladenen Zwei-Liter-Version. Schon zu diesem Zeitpunkt hatte sich aber Renault voll der Formel 1 zugewandt – mit diesem Motor und einem eigenen Monoposto.

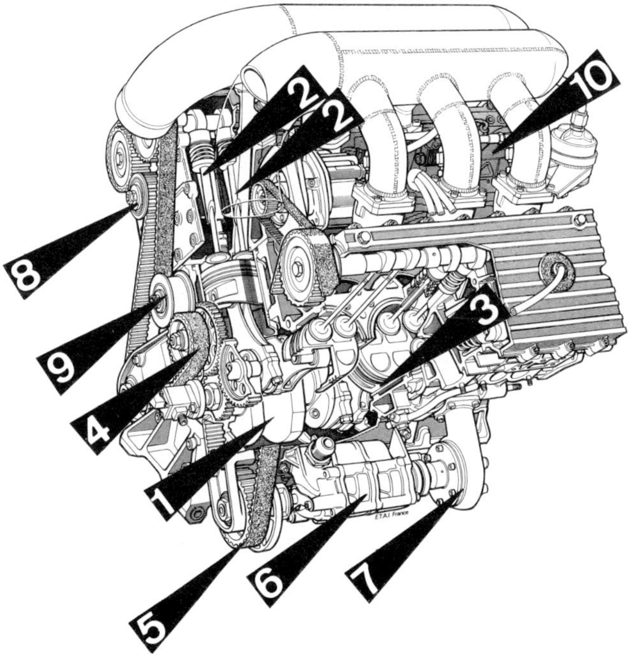

Renault-Gordini-Formel-1-Motor, der Wegbereiter der Turbo-Ära. Mit ihm wurden alle Höhen und Tiefen dieser risikoreichen Entwicklung durchlaufen, und direkt oder indirekt haben alle weiteren Turbomotoren von dieser Entwicklung profitiert. Erst durch diesen Motor wurde belegt, daß ein 1,5-Liter-Turbo gegen einen 3-Liter-Sauger konkurrenzfähig sein kann. Der Motor stammt aus der Formel 2. Die Zylinderbohrung (86 mm) ist doppelt so groß wie der Kolbenhub (42,8 mm). Die sechs Zylinder sind in zwei Dreiergruppen im Winkel von 90° angeordnet. Zwei Zylinder arbeiten immer auf eine gemeinsame Kröpfung – gut erkennbar bei den zwei vordersten Pleueln (1) –, sodaß die Kurbelwelle nur drei Kröpfungen und vier Hauptlager besitzt. Die Ventilschäfte (2) sind extrem lang. Ein- und Auslaßventile (je zwei pro Zylinder) schließen einen sehr kleinen Winkel von 21°30' ein. Der Zylinderblock ist aus Stahlguß, die eingesetzten nassen Zylinderlaufbüchsen (3) sind jedoch wegen der besseren Wärmeableitung aus Aluminium. Die insgesamt vier Nockenwellen werden kombiniert über Zahnräder und Zahnriemen angetrieben. Der Zahnriemen läuft auf jeder Seite vom zahnradgetriebenen Antriebsrad (4) zunächst nach schräg unten zum Antrieb (5) von Ölpumpe (6) und Wasserpumpe (7), dann hoch über eine Umlenkrolle (8) zu den beiden Nockenwellen und über eine weitere Umlenkrolle (9) zurück zum Antriebsrad. Oben, im offenen V der Motorenhälften, befinden sich die Zündanlage und die elektronisch angesteuerte Kugelfischer-Einspritzpumpe (10). Der Antrieb erfolgt ebenfalls über Zahnriemen. Der ganze Motor ist sehr kompakt (Länge 480 mm, Breite 680 mm, Höhe 650 mm) und wiegt mit allem Drum und Dran 180 kg. Mitte 1982 gab Renault die Leistung mit 430 kW (585 PS) bei 11.200/min an. Bis 12.000/min darf gedreht werden.

Ein erster Versuchsmotor mit Hub 49,4 und Bohrung 80 (Verhältnis 0,62) lief bereits im Jahr 1975 und gab ziemlich rasch 370 kW (503 PS) bei 10.800 U/min ab. Von diesen ersten Eckdaten ausgehend, versuchte man vor allem das maximale Drehmoment zu erhöhen und es gleichzeitig zur niedrigeren Drehzahl zu schieben, nachdem bei den ersten Versuchen Höchstleistungsdrehzahl und die Drehzahl für maximales Moment fast zusammengefallen waren.
Ein wesentlicher Entwicklungsschritt war die Erweiterung der Bohrung auf 86 mm und Reduktion des Hubs auf 43 mm. Was also ein Hub-Bohrungsverhältnis von 0,5 ergab, anders ausgedrückt: Der Kolbendurchmesser ist genau doppelt so groß wie der Kolbenhub. Damit fährt Renault auch heute noch. Der Grund für diesen außergewöhnlichen Schritt wird klar, wenn man sich das Einzylindervolumen eines 1,5-Liter-Sechszylinders vergegenwärtigt: Ganze 250 cm^3. Entsprechend klein werden natürlich auch die vier Ventile eines Brennraumes. Mit Bohrung 86 mm erreicht der Renault praktisch dieselbe Größe wie der Cosworth (85,7 mm) und konnte damit wiederum die Ventile vergrößern. Dem Renault-Motor kommt noch eines zugute, das ist der extrem kleine Winkel von 22°, den die Ein- und Auslaßventile bilden. Damit läßt sich eine sehr günstige kompakte Brennraumform mit annähernd gleichen Brennwegen realisieren. Damit ist ein Brennraum nicht mehr so klopfempfindlich, was vor allem bei aufgeladenen Motoren wichtig ist.
Rufen wir uns die Bedeutung des Brennraums für Klopfempfindlichkeit in Erinnerung:
Die Höhe der Verdichtung (Sauger) beziehungsweise der Aufladung (Turbo) ist durch irreguläre Verbrennungsvorgänge (Klopfen) begrenzt. Klopfen tritt dann auf, wenn die Verbrennung nicht nur durch den Funken der Zündkerze ausgelöst wird und von dort auf den ganzen Brennraum übergreift, sondern wenn sich das Gemisch durch übergroße Hitze einzelner Stellen im Brennraum von selbst entzündet und so mehrere Entzündungen gleichzeitig oder fast gleichzeitig passieren. Das typische Geräusch des Klingelns entsteht dadurch, daß diese an mindestens zwei Stellen entstandenen Flammenfronten aneinandertreffen. Dabei kommt es zu extrem hohen Druckspitzen am Beginn der Verbrennung, die anschließend sehr schnell abfallen. Diese Spitzen tun dem Motor weh und verschleißen Zylinderkopfdichtung, Kolben und Kolbenringe. Wenn es zu dieser klopfenden Verbrennung kommt, geht der Motor innerhalb weniger Minuten kaputt. Je kompakter ein Brennraum, je kürzer die Brennwege (optimal bei zentraler Lage der Zündkerze in der Mitte der vier Ventile), umso klopffester ist der Brennraum und umso höher kann der Saugmotor verdichtet beziehungsweise der Turbomotor aufgeladen werden. (Auf den gesamten Verbrennungsvorgang haben natürlich auch noch andere Faktoren Einfluß, wie Kühlung des Brennraums, Art der Ventile – voll oder natriumgefüllt –, Art und Kühlung des Kolbens – eventuell durch Spritzdüsen).

In dieser zweiten Version des Renault-Motors wurden dann 375 kW (510 PS) schon bei 10.500 U/min erreicht, aber viel wichtiger war das enorme Drehmoment von 400 Nm schon bei 8.200 U/min. Von diesen Werten können die Saugmotoren nur träumen, hier sind auch heute nicht mehr als 340 Nm drinnen. Diese Motorausführung hatte einen Abgasturbolader, für den alle sechs Auspuffleitungen hinter dem Motor zusammengeführt wurden. Der erste Einsatz in dieser Form fand am 14. Juli 1977 in Silverstone statt. Dann gab es eine lange, sehr schwierige Entwicklungsphase. Wohl ließen die Renault-Turbos hin und wieder durch Trainingsbestzeiten und sogar kurze Führung zu Beginn der Rennen ihr Potential erkennen, aber der erste Sieg ließ bis zum 1. Juli 1979 auf sich warten. Daß der gerade beim französischen Grand Prix in Dijon mit einem voll-französischen Auto und einem französischen Fahrer (Jean Pierre Jabouille) errungen wurde, war natürlich ein besonderer Triumph für die Franzosen. Aber auch technisch wurde hier ein Markstein gesetzt: Der wahre Beginn der Turbo-Ära.
Inzwischen hat Renault enorme Entwicklungsarbeit geleistet. Andere Firmen mußten und müssen gegen diesen Entwicklungsvorsprung ankämpfen, haben aber immerhin den Vorteil, daß die prinzipielle Frage beantwortet ist: Ja, Turbomotoren sind geeignete Motoren in der Formel 1.
Neben der bereits beschriebenen Veränderung von Hub und Bohrung war der

Der Renault-Formel-1-Turbo ist ein faszinierendes Auto, das allerdings fast schon übertechnisiert wirkt – wohin man schaut Kühler, Leitungen, Rohre, Schläuche. Alles raffiniert ausgeklügelt und durchdacht, aber vielleicht schon ein bißchen zuviel. Der ganze Aufbau ist symmetrisch. Der Verdichter des Abgasturboladers (1) saugt die frische Luft über die Leitung (2) von unten an. Die verdichtete Luft wird durch den kombinierten Ladeluftkühler (3) geschickt. Er wird zunächst – im ersten Teil – mit Wasser, dann – im zweiten Teil – mit Luft von unten gekühlt. Die gekühlte Luft wird über den Sammler (4) in den Motor gedrückt. Vor dem Ladeluftkühler liegt der Wasserkühler (5). Das waste gate (6) bläst über die Leitung (7) die Auspuffgase ins Freie, der Abgasturbolader über das Rohr (8).

Die Sportbehörde mußte für das Cockpit (hier P. Tambay im Ferrari) eine Mindestbreite von 45 cm vorschreiben, sonst hätten die Konstrukteure uns noch mehr zusammengequetscht. Rechte Seite: Der Tyrrell von Brian Henton.

Tyrrell 4
FORD

BMW-Turbomotor
Der Übergang von Monocoque zu Knautschzone
ist hier an meinem McLaren gut zu sehen.

Übergang von einem auf zwei Abgasturbolader ein besonders wichtiger Schritt in der Weiterentwicklung des Renault-Motors. Man kam so zu einer völlig symmetrischen, strömungsgünstigen und kurzen Anordnung von Auspuffrohren – Abgasturbolader – Ladeluftkühler und Ansaugsystem. Die beiden Turbolader von KKK (Kühnle, Kopp und Kausch) liegen dabei seitlich neben den beiden Zylinderreihen des V-90°-Sechszylinder-Motors. Sie werden dort symmetrisch (alle 240° Kurbelwellenumdrehungen) mit dem Abgasstrom von je drei Zylindern stoßweise beaufschlagt. Man führt also die einzelnen Abgasrohre möglichst lange getrennt bis unmittelbar vor das Turbinengehäuse. So kann man die Stoßenergie der einzelnen Abgasströmungen optimal ausnützen. Diese stoßweise Strömung wird durch den Schließ- und Öffnungsvorgang der Auslaßventile verursacht. Das heißt, der Abgasturbolader lebt in der Ausnützung der Abgase nicht nur von dem mittleren Druck, der sich vor dem Turbinenrad aufgestaut hat, sondern auch noch von den in gleichen Abständen eintreffenden Druckspitzen. Der Druck dieser Spitzen ist natürlich größer als der aufgestaute Druck und beschleunigt das Turbinenrad zusätzlich. Bei drei Zylindern mit gleichen Zündabständen ist die Wirkung besonders gut, weil sich die Öffnungsperioden der Auslaßventile gerade noch nicht überschneiden. Das heißt, wenn ein Auslaßventil gerade geschlossen hat, beginnt das nächste zu öffnen. So kann die Energie der Abgase am besten genutzt werden. Dieses unter dem Fachwort „Stoßaufladung" bekannte System kommt aus dem LKW- und Großdieselmotorenbau, also aus einem Gebiet, wo man auf gute Ausnützung des Kraftstoffes (Wirkungsgrad) besonders viel Wert legt.

Schwerpunkte der Entwicklung bei Renault sind inzwischen auch gutes instationäres Verhalten (Beschleunigen) und niedriger Verbrauch. Beides kann mit einer möglichst hohen Grundverdichtung positiv beeinflußt werden. Tatsächlich ist der Renault mit 7 : 1 der am höchsten verdichtete Turbomotor dieser Tage. Natürlich ist man damit von der 11,5 : 1-Verdichtung der Saugmotoren weit entfernt, aber wichtig ist ja nicht das Verdichtungsverhältnis am Papier, sondern mit welchem mittleren effektiven Druck (nicht Spitzendruck) die Verbrennung auf den Kolben entlang seines ganzen Arbeitsweges wirkt. Und hier ist ein aufgeladener Motor dem Saugmotor weit überlegen – das muß er ja auch sein, weil er sonst nicht mit halbem Hubraum mehr als die gleiche Leistung erreichen würde.

Die Rechnung zeigt, daß der Cosworth bei Höchstleistung einen Mitteldruck von 14,2 bar, der Renault-Turbo hingegen von 30,8 bar hat. Die Motoren unserer PKWs haben hier nicht mehr als etwa 9,5 bar zu bieten.

Extrem hohe Leistung und hohe Grundverdichtung vertragen sich beim aufgeladenen Benzinmotor schlecht. Da gibt Renault mit der Verdichtung von 7 : 1 die Höchstleistung mit 397 kW (540 PS) an, während Ferrari mit 6,5 : 1-Verdichtung 427 kW (580 PS) erreicht.

Welchen Stellenwert Renault dem instationären Verhalten gibt, zeigt sich am Motor für 1982. So wurden die Turbolader noch mehr an den Zylinderkopf und nach vorne zu den Ladeluftkühlern gerückt. Das kostete zwar etwas Endleistung, begünstigte aber das Ansprechverhalten, weil so das „Totvolumen" im Ansaug- und Auspufftrakt weiter reduziert werden konnte. Daß Höchstleistung bei einem Rennfahrzeug nicht alles ist, haben wir schon beim Vergleich der Acht- und Zwölfzylindermotoren gesehen. Wichtig ist, den richtigen Kompromiß zwischen vielen einander oft widersprechenden Anforderungen zu finden. Natürlich gibt es Rennstrecken, es sind zumeist die sehr schnellen (Südafrika oder Österreichring), wo die reine Endleistung besonders wichtig ist. Aber dann gibt es wieder sehr eckige Kurse (etwa Long Beach oder Monte Carlo), wo in erster Linie gutes Ansprechverhalten und geringes Startgewicht gefragt sind. Ein guter Rennmotor muß eben alles können.

Ladeluftkühlung

Ein interessantes Detail am Renault Formel 1 sind die Ladeluftkühler. Diese werden unbedingt gebraucht, um die nach der Verdichtung sehr heiße Verbrennungsluft rückzukühlen. Je nach Fabrikat und Ladedruck muß man heute mit Lufttemperaturen von 180 bis 200° Celsius nach der Verdichtung im Turbolader rechnen. Es wäre Mord am Motor, diese heiße Luft direkt der Maschine zuzuführen. Je besser die Ladeluftkühlung funktioniert, umso besser wird der aufgeladene Motor. Dabei kommt es nicht nur auf die Größe der Kühler, sondern auch auf die Anströmung durch den Fahrtwind an. Hier ist also eine ganz wichtige Schnittstelle zwischen den Funktionen von aufgeladenem Motor und Chassis.

Um die beiden Ladeluftkühler (je einen pro Fahrzeugseite) nicht allzu groß ausführen zu müssen, wählte man sogenannte kombinierte Wasser-Luft-Luft-Kühler. Dabei wird ca. ein Drittel des Kühlers zunächst mit Wasser, der Zweidrittel-Rest mit Fahrtwind beaufschlagt. So kann die knapp 200° C heiße Luft infolge des guten Wärmeüberganges von Wasser mit wenig Raumbedarf schnell auf ca. 115° C abekühlt werden. Die weitere Abkühlung auf ca. 30° C über Außentemperatur besorgt dann zum größeren Teil der Fahrtwind. Um die Sache nicht allzu kompliziert zu machen, wird zur Wasserkühlung der Ladeluft der Kühlkreislauf des Motors herangezogen. Entsprechend der Wärmemenge, die der Ladeluft entzogen wird, müssen die eigentlichen Wasserkühler dann größer dimensioniert werden.

Natürlich könnte man für die Wasserkühlung der Ladeluft auch einen eigenen Wasserkreislauf installieren. Dieser könnte sogar noch etwas wirkungsvoller sein, weil er nicht an die hohe Temperatur (95° C) des Motorkreislaufes gebunden zu sein braucht. Aber da müßte man ja weitere Wasserkühler mit eigener Wasserpumpe samt Antrieb installieren, und das ist zumindest momentan den Renault-Technikern den Aufwand nicht wert.

Durch Schräglegen der Ladeluftkühler (diesen Kniff wendet man auch bei den Wasser- und Ölkühlern gerne an) konnte für 1982 die effektive Kühlfläche weiter vergrößert werden.

Das Motorgewicht fällt bei Renault gar nicht so niedrig aus, wie man es auf Grund des kleinen Motors zunächst erwarten würde. Der erste Grund ist der Motorblock.

Aus Steifigkeits- und Festigkeitsgründen verwendet Renault nicht, wie sonst bei Rennmotoren üblich, Aluminium, sondern Stahlguß. Obwohl dünnwandig (3,5 bis 4 mm) vergossen, ergibt sich gegenüber dem Alublock des Cosworth V 8 ein Gewichtshandicap. Die nassen Zylinderlaufbüchsen (direkt vom Wasser umströmt) bestehen aus Aluminium, um die bei der Verbrennung entstandene Wärme möglichst schnell und wirkungsvoll abzuleiten.

Der zweite, wesentlichere Grund ist das bei aufgeladenen Motoren notwendige Umfeld. So ist alles, was der Motor zum Laufen braucht, dem Motorgewicht zuzurechnen. Zählt man also zum eigentlichen Motor zwei Abgasturbolader mit Rohrleitungen, zwei Ladeluftkühler mit Leitungen, zwei Wasserkühler mit größerer Wassermenge dazu, ergibt sich ein Motorgesamtgewicht von rund 180 kg, also zwanzig Kilo mehr als beim Ford-Achtzylinder und etwa genau so viel wie bei den Zwölfzylinder-Saugmotoren. Das wirkt sich natürlich auch im Gesamtfahrzeuggewicht aus. In der letzten Saison hat sich eindeutig herausgestellt, daß Cosworth-Autos die leichtesten waren und daß es einigen vifen Konstrukteuren (allen voran Williams) leichtgefallen ist, das vorgeschriebene Mindestgewicht von 580 kg sehr deutlich zu unterlaufen (siehe dazu das Bild auf Seite 82).

Rennmotoren, speziell wenn sie aufgeladen werden, verarbeiten gewaltige Luftmengen: Rund 0,6 m³ pro Sekunde, das heißt pro Minute wird das Luftvolumen eines mittleren Zimmers verbraucht. Daher muß ein einzelner Turbolader sehr groß und entsprechend schwer werden (14,6 kg beim früheren Renault). Teilt man die Arbeit auf zwei Geräte auf, werden diese kleiner und leichter und sind entsprechend besser unterzubringen und zu befestigen (Gewicht zweimal 6,7 kg). In der Regel wird auch das Beschleunigungsverhalten besser, wenn man von einem Gerät auf mehrere umstellt. Auch die thermische Beanspruchung von zwei kleineren Geräten ist günstiger als die von einem großen, weil die durch die Wärme verursachten Spannungen kleiner sind.

Die Drosselklappe kommt bei den beiden Turboladern jeweils vor dem Lufteintritt in das Verdichtergehäuse zu liegen. So läßt sich die gesamte Regelung mit zwei sehr einfachen und leichten Klappen bewerkstelligen. Man erspart sich die recht aufwendigen rollengelagerten Schieber der Saugmotoren. Durch die Lage vor dem Verdichter wird außerdem das instationäre Verhalten weiter verbessert. Im Schubbetrieb,

also bei geschlossener Drosselklappe, läuft die Welle mit den beiden Rädern länger nach, weil das Verdichterrad im Unterdruckbereich (dünnere Luft) zu liegen kommt. Beim folgenden Gasgeben hat das Laufzeug daher bereits eine höhere Ausgangsdrehzahl.
Seit dem ersten Einsatz eines aufgeladenen Motors in der Formel 1 sind erst fünf Jahre vergangen, es gibt also noch nicht viele Vergleichsmöglichkeiten. Trotzdem ist die Annahme berechtigt, daß Renault von Haus aus mit dem V-6-Motor in 90° einen guten Griff getan hat. Aufgeladene V-6-Maschinen zeigen ein ähnlich gutes Kompromißverhalten wie der Dreiliter-Achtzylinder-Saugmotor von Cosworth. Sie lassen sich auf Grund der V-Bauweise harmonisch ins Fahrzeug komplett einfügen. Das gesamte Umfeld läßt sich symmetrisch auf beide Fahrzeugseiten aufteilen. Man kommt zu sehr kurzen Auspuff- und Ansaugleitungen und ganz automatisch auch zu zwei relativ kleinen Abgasturboladern, wobei je einer die drei Zylinder einer Reihe versorgt.
Ein weiteres Argument für die V-6-Bauform ist die kurze Baulänge. Bei allen Formel-1-Autos liegt ja heute der Kraftstofftank in Fahrzeugmitte zwischen Motor und Sitz. Je kürzer also der Motor ist, umso kürzer kann auch das ganze Auto werden, oder anders ausgedrückt: Bei gleicher Länge oder gleichem Radstand kann mit dem kürzeren Motor mehr Tankvolumen untergebracht werden. Das brauchen speziell die Turbomotoren, weil sie beim heutigen Entwicklungsstand mehr Sprit konsumieren als die Saugmotoren.
Interessant wäre es sicherlich, einen speziell entwickelten V-8-Turbomotor zu sehen, obwohl hier der Platz für die vier Ventile und die Zündkerze pro Zylinder auf Grund des schon sehr kleinen Einzelzylindervolumens von 185 cm^3 sehr knapp wird. Das ergibt schon einen rechten Spielzeugmotor. Honda hat früher, als bei Motorrädern die Zylinderzahl noch nicht begrenzt war, mit ähnlich kleinen Zylindervolumina am Viertaktmotor experimentiert. Zu den Besonderheiten eines Vierzylinderreihenmotors mit Turboaufladung kommen wir dann bei der Behandlung des BMW-Motors.
Für das Ziel, mit einem französischen Auto die Grand-Prix-Weltmeisterschaft zu gewinnen, arbeiten bei Renault 170 Leute in der Rennabteilung. Das Budget verschlingt viele Millionen, die aber gesamthaft gut eingesetzt zu sein scheinen. Immerhin versteht es Renault, die Philosophie der sophistischen Turbotechnik voll ins PKW-Programm zu tragen und zieht dabei einen recht direkten Imagegewinn aus dem Rennsport für die Serie.
In ihrem Übereifer für neue Motorentechnik haben die Renault-Ingenieure nach Beginn der Saison 1982 offensichtlich die Grenze zwischen tagtäglicher Machbarkeit und illusionistischer Technik überschritten. Ideen, die einzeln sicherlich richtig waren, ergaben in ihrer Summe ein übertechnisiertes, allzu kompliziertes Fahrzeug.

Verschiedenste Einflüsse haben einander überlagert und die Suche nach möglichen Fehlerquellen immer schwieriger gemacht. Dazu kamen noch ein paar Fahrerfehler, jedenfalls standen die Rennergebnisse in keiner Relation zu Aufwand, Potential, technischem Können und Zielsetzung.

Der Ferrari-Turbo

Was die Zylinderzahl (sechs) und die Motorbauweise (V) betrifft, stellten die Ferrari-Ingenieure offensichtlich die gleichen Grundsatzüberlegungen an wie ihre Kollegen von Renault. Abgesehen vom Winkel, den die beiden Zylinderreihen einschließen – 120 Grad beim Ferrari, 90 Grad beim Renault –, besteht aber trotzdem ein ganz wesentlicher Unterschied. Während beim Renault die verdichtete Luft dem Motor mittig, also im Bauraum zwischen den beiden Zylinderreihen, zugeführt wird und die Auspuffgase seitlich nach unten austreten, ist es bei Ferrari genau umgekehrt. Die beiden Abgasturbolader liegen nicht seitlich außen unten, sondern oben symmetrisch im freien Bauraum zwischen den beiden Zylinderreihen. Um hier mehr Freiraum zu schaffen, wählte man einen etwas größeren V-Winkel als Renault, eben 120 statt 90 Grad.

Es ist für einen Automotor sehr ungewöhnlich, dem Brennraum das Luft-Kraftstoffgemisch steigend zuzuführen, also nicht dem natürlichen Gefälle folgend von oben nach unten. Im speziellen Fall dieses Rennmotors kommt man aber zu sehr interessanten Aspekten.

Ferrari arbeitet mit zwei verschiedenen Aufladesystemen, und zwar mit der Abgasturbo-Aufladung à la Renault und mit Comprex-Aufladung.

Comprex-Aufladung

Obwohl sich das Comprex-System beim Schreiben dieser Zeilen noch im Versuchsstadium befand und im Rennen noch nicht eingesetzt worden war, ist es interessant genug, um einige Worte darüber zu sagen. Wie vieles bei der Aufladung, kommt auch dieses System aus dem Diesel-LKW-Bereich. Es klingt zunächst paradox, daß etwas, was für einen LKW-Diesel gut ist, auch für einen hochgezüchteten Rennmotor gut sein soll. Aber eines haben der schwere Diesel und der Rennmotor gemeinsam: Beide müssen nur in einem relativ engen Drehzahlbereich arbeiten, denn beide sind zweckorientiert ohne Rücksicht auf den Komfort des Fahrers, der sehr oft zum Schalten gezwungen wird, um den Motor in seinem optimalen Wirkungsbereich arbeiten zu lassen. Beim Dieselmotor wird dieser optimale

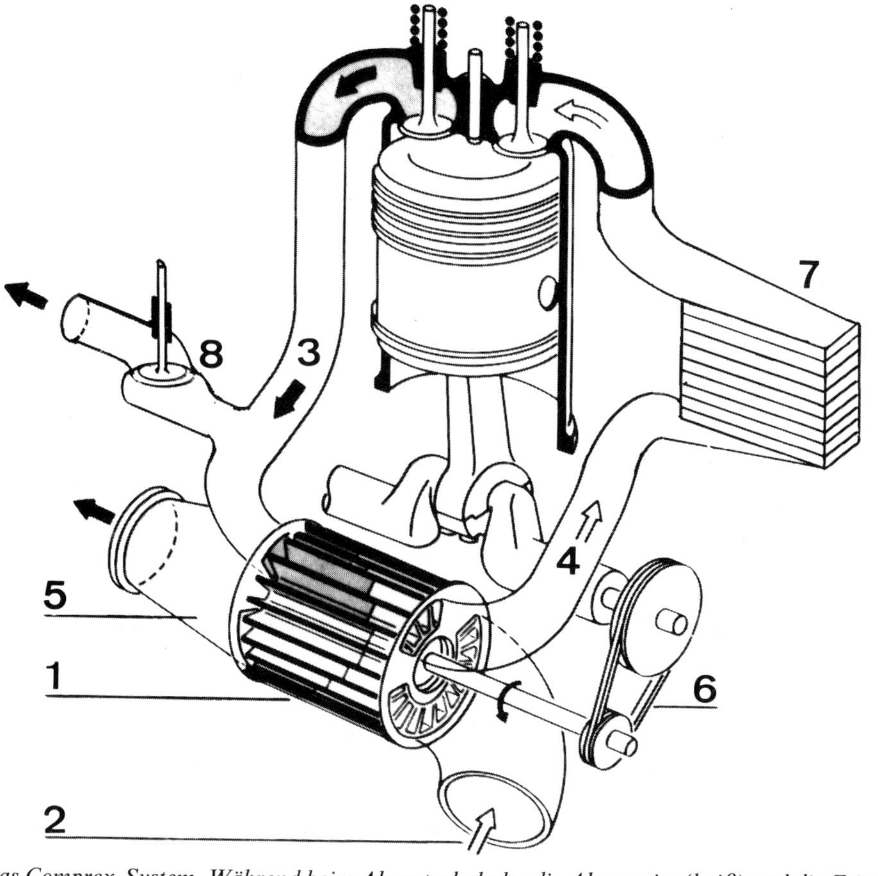

Das Comprex-System. Während beim Abgasturbolader die Abgasseite (heiß) und die Frischluftseite (kalt) klar getrennt sind, ergibt sich bei der Comprex-Aufladung von Brown Boveri (Schweiz) ein direkter Kontakt von Abgasen und Ansaugluft, der aber in keinem Fall zu einer Vermischung der beiden Medien führen darf. Der Kontakt findet im Zellenrad (1) statt. Hier wird die bei (2) angesaugte und vom rotierenden Zellenrad (1) weitertransportierte Frischluft von Abgasen zusammengepreßt, die über Leitungen (3) herangeführt werden. Die verdichtete Luft verläßt dann das Zellenrad über die Leitung (4) zum Motor. Die Abgase, die ihre Energie an die Frischluft losgeworden sind, treten bei (5) wieder aus. Zum Weitertransport des Zellenrades dient der Antrieb (6). Die benötigte Antriebsleistung ist gering und könnte beispielsweise auch von einem Elektromotor aufgebracht werden. Die Luft wird durch die Verdichtung genauso heiß wie beim Abgasturbolader, deshalb ist auch hier ein Ladeluftkühler (7) erforderlich, der in den Ansaugtrakt (4) einzuschalten ist. Notwendig ist auch das von der Turboladung her schon bekannte waste gate (8).

Wirkungsbereich durch den Verbrauch, beim Rennmotor durch die Leistung bestimmt.

Während also die Comprex-Aufladung für einen normalen PKW-Benzinmotor relativ schlecht geeignet ist, kann man sich schon vorstellen, daß man wie beim Diesel auch bei Rennmotoren zu recht guten Ergebnissen kommt. Im Prinzip will diese Art der Aufladung genau das gleiche wie der Turbolader: Nämlich die den Abgasen innenwohnende Energie auszunützen, um die Ansaugluft des Motors zu verdichten.

Der Comprex ist eine Druckwellenmaschine. Der Vorteil gegenüber dem Abgasturbolader besteht darin, daß die Energieabgabe vom Abgas an die Frischluft direkt erfolgt und nicht über relativ schwere Teile (Turbinenrad, Welle, Verdichterrad), was immer einer Trägheitsüberwindung bedarf, die sich im schlechteren Ansprechverhalten des Motors ausdrückt.

Das Comprex-Gerät selbst besteht im wesentlichen aus einem Zellenrad (Schaufelrad), das vom Motor mechanisch angetrieben wird und in einem eng anliegenden Zylinder rotiert. Die Drehzahl des Schaufelrades spielt im System dieser Aufladung keine entscheidende Rolle, auch die Antriebsleistung ist mit rund einem Prozent der Motorleistung außerordentlich gering.

An einer Stirnseite des Zylinders treten die Abgase ein und etwas versetzt (an derselben Seite) wieder aus, auf der anderen Seite passiert dasselbe mit der Ansaugluft. Die Druckstöße der Auspuffgase treffen also im Zellenrad im direkten Kontakt auf die Ansaugluft und pressen diese zusammen. Durch das sich drehende Zellenrad wird die verdichtete Luft weitertransportiert und bei der folgenden Öffnung rausgedrückt, dasselbe geschieht mit den Auspuffgasen, nur waren die vorher verdichtet und wurden im Zellenrad entspannt. Wichtig für das Verständnis ist, daß dieser Vorgang für jedes Medium immer zur selben Seite hin erfolgt. Auspuffgase treten also auf einer Zylinderstirnwand ein und aus, die Ansaugluft auf der anderen Seite.

Beim direkten Kontakt zwischen Auspuffgasen und Ansaugluft darf es auf keinen Fall zu einer Vermischung kommen, deshalb kann das Zellenrad eine bestimmte Baulänge nicht unterschreiten. Bei einer Vermischung würde die Ansaugluft mit Auspuffgasen verdorben. Neben einer weiteren Temperaturerhöhung würde die Verbrennung weiter darunter leiden, daß nicht mehr so viel Sauerstoff in den Zylinder kommt.

Im Ferrari liegt die Comprex-Maschine an der gleichen Stelle wie ansonst der Abgasturbolader, also oben am Motor.

Bis jetzt wird das verbesserte Ansprechverhalten durch Comprex noch ziemlich teuer erkauft. Die Ausstattung ist um rund zwanzig Kilo schwerer als ein komplettes Abgasturbolader-System, auch der Kraftstoffverbrauch ist etwas schlechter. Selbstverständlich erspart man sich auch nicht den Ladeluftkühler, die verdichtete und damit erhitzte Luft muß auch bei Comprex-Motoren drastisch gekühlt werden. Probleme bereitet noch der mechanische Antrieb des Zellenrades über Keil- oder Zahnriemen, weil durch die raschen Drehzahlsprünge eines Rennmotors (etwa beim Schalten) hohe Spannungsspitzen entstehen, sodaß die Riemen reißen oder abspringen. Dabei ist die zu übertragende Antriebsleistung, wie erwähnt, sehr gering und dient eigentlich nur dazu, das Zellenrad überhaupt zum Laufen zu bringen und am Laufen zu halten. Man könnte, um sich den mechanischen Antrieb überhaupt zu sparen, den Comprex-Lader genausogut fremd, also etwa mit einem Elektromotor, antreiben.

Zurück zum Turbo

Auf dem Testgelände von Ferrari wurden mit Comprex-geladenen Motoren schon sehr gute Rundenzeiten erreicht, aber Ferrari war ja vorerst auf dieses System nicht angewiesen. Man ist hier mit dem Abgasturbolader nicht schlecht gefahren, und auch wir wenden uns jetzt wieder dem „normalen" Ferrari-Turbo zu.
Durch das Vertauschen von Ein- und Auslaßseite gegenüber dem Renault-Motor kommen die beiden Abgasturbolader in der Mitte oben zu liegen, befinden sich quasi an der höchsten Stelle des Motors. Das ist zwar für den Motorschwerpunkt nicht gut, aber der Stellenwert des statischen Schwerpunkts (des in Ruhe befindlichen Fahrzeuges) ist ohnedies nicht mehr so hoch wie früher. Es gibt auch etwas Positives an der hohen Lage: die gute Möglichkeit der Wärmeableitung und die Verbannung der Turbolader aus der aerodynamischen Zone, also von seitlich unten. Außerdem können die beiden Lader mit extrem kurzen Auspuffleitungen, die möglichst weit getrennt geführt sind, beaufschlagt werden. Aus Platzgründen (einfachere Leitungsverlegung) versorgt der mit den Auspuffgasen der linken Zylinderreihe beaufschlagte Turbolader die Zylinder der rechten Reihe mit Ladeluft und umgekehrt.
Bei Ferrari ergibt sich durch die eng aneinander liegenden Turbolader noch ein Vorteil, nämlich bei der Regelung des Ladedrucks. Fast alle Turbomotoren, egal ob Otto oder Diesel, für Rennen oder Straße, benützen heute die gleiche Art der Ladedruck-Begrenzung. Das dafür benötigte Bauteil ist das sogenannte Ladedruck-Regelventil oder *waste gate.*
Dieses Ventil besteht aus einem Gehäuse aus hochwarmfestem Material mit einem durchlaufenden Kanal. Ein Ventil (wie normales Ein- oder Auslaßventil, nur größer), ist so angeordnet, daß je nach Bedarf der Kanal verschlossen oder geöffnet werden kann. Das Ende des Ventilschafts umgibt ein Aluminiumgehäuse, in dem sich eine Feder (drückt das Ventil zu) und eine Membrane befinden. Wird Überdruck in den Membranraum eingeleitet, öffnet ab einem bestimmten Druck

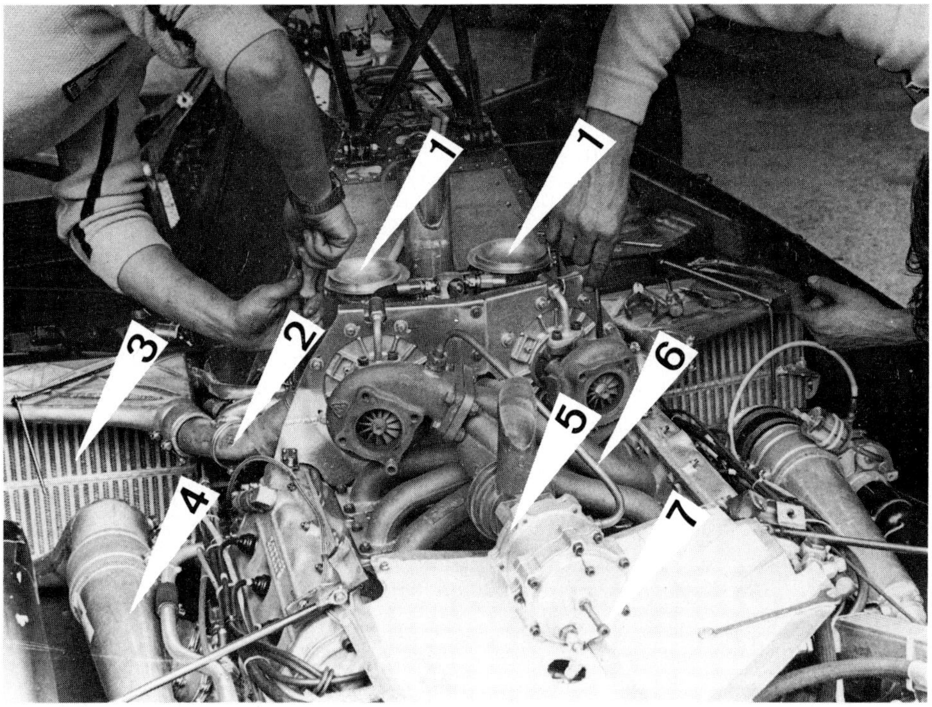

Man sieht die einfache, klare und symmetrische Aufteilung beim Ferrari-Sechszylindermotor in V120°. Die Luft wird von oben in die Trichter (1) gesaugt. Nach der Verdichtung gelangt die Luft über die Leitung (2) zum senkrecht stehenden Ladeluftkühler (3). Sie tritt unten wieder aus und wird dem Motor über den Sammler (4) seitlich unten zugeführt. Die Abgase treten oben aus dem Kopf aus und werden über sehr kurze Einzelrohre der Abgasturbine zugeführt, und zwar sitzt der Turbolader für die linke Zylinderreihe rechts und umgekehrt. Da auf diesem Bild die dicken Endrohre abgeschraubt sieht, sieht man sehr schön die Turbinenräder, die bei voller Leistung bis 120.000 U/min schnell sind. Am andereren Ende der Turboladerwelle sitzt ein sehr ähnliches Schaufelrad, das gleichschnell rotierend wieder frische Luft ansaugt, verdichtet (auf Druck bringt), dem Ladeluftkühler zuführt und so weiter. Es gibt nur ein waste gate (5) für beide Abgasstränge. Das nicht benötigte Abgas wird über die schräge Öffnung direkt abgeblasen. Die Steuerleitung (6) regelt das ganze System. Ist der Ladedruck und damit auch der Abgas-Gegendruck (von der Turbine) zu hoch, öffnet das waste gate, worauf dann weniger Abgas über das Turbinenrad geleitet wird. Mit der langen Schraube (7) kann der Ladedruck eingestellt werden.

(abhängig von Feder und Membranfläche) das Ventil; läßt der Druck nach, schließt das Ventil wieder.

Das Ladedruck-Regelventil ist nun in eine Leitung eingebaut, die das Turbinengehäuse umgeht. Solange das Ventil zu ist, geht das gesamte Abgas über die Abgasturbine. Je nach Öffnung geht mehr oder weniger Abgas um die Turbine herum, direkt in das Auspuffendrohr.

Man könnte einen Abgasturbolader auch so auslegen (entsprechend groß), daß man das Regelventil überhaupt nicht braucht, das heißt, daß immer das gesamte Abgas über die Turbine geführt wird. Ein entsprechend großer Lader würde aber bei niedrigen Drehzahlen sehr wenig Ladedruck erzeugen. Man verwendet also lieber kleinere Einheiten, die den Motor auch schon weiter unten kräftig aufladen. Weiter oben würde dann allerdings der Motor überladen, das heißt so hoch beansprucht werden, daß irgend etwas zu Bruch gehen würde. Um dies zu verhindern, wird also das Regelventil benötigt. Das Ventil (Feder, Größe, Membrane, Druck etc.) ist so ausgelegt, daß es bei Erreichen des vom Motor maximal zu verarbeitenden Ladedruckes öffnet – ab diesem Zeitpunkt laufen nicht noch mehr Abgase über die Turbine, sondern werden direkt in den Auspuff geführt.

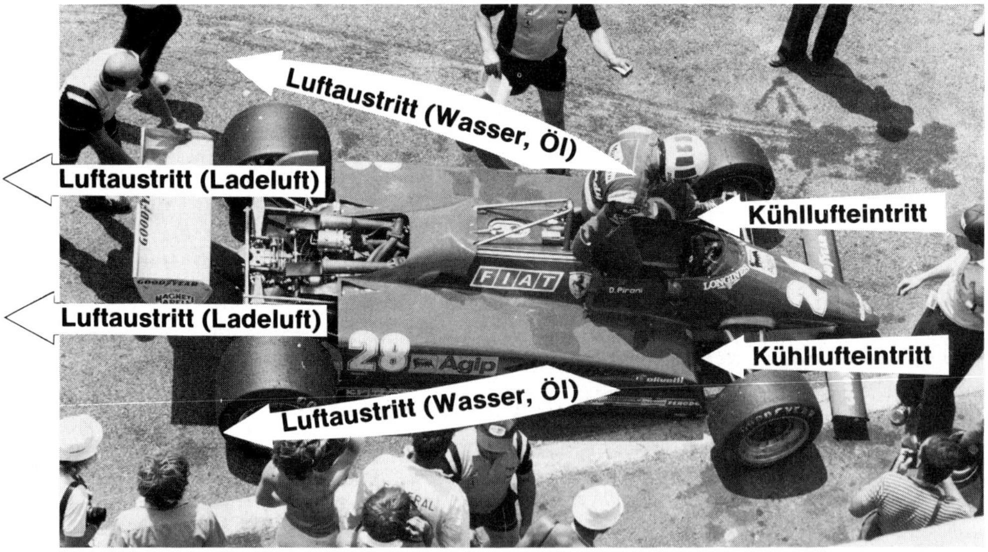

Beim Ferrari-Formel-1 wird die über die Wasser- bzw. Ölkühler geführte Luft nicht wie bei allen anderen Fabrikaten oben herausgeführt, sondern seitlich. Dadurch kann die Oberseite der seitlichen Schächte ganz glatt gehalten werden.

So wird ab diesem Moment der Ladedruck praktisch konstant gehalten. Gibt man dem Fahrer die Möglichkeit, in den Regelvorgang einzugreifen, so kann er vom Cockpit aus den Ladedruck selber verändern. Das ist aber eine Unsitte, speziell dann, wenn es dazu mißbraucht wird, um noch schnell einen guten Trainingsplatz herauszufahren. Im Rennen, wo der Motor diesen überhöhten Ladedruck sowieso nicht verkraften würde, hält dann dieses Auto nur die anderen auf. Der Ladedruck sollte nur von außen – also am Regelventil selber – von den Mechanikern einstellbar sein und zwischen Training und Rennen nicht verändert werden dürfen. Normalerweise wird pro Abgasturbolader ein Regelventil benötigt. Durch die sehr enge Lage beim Ferrari kommt man hier mit nur einem Ventil aus. Dieses muß zwar größer dimensioniert sein als etwa beim Renault, weil es ja beide Lader bedient, das ganze ist aber trotzdem einfacher, leichter und überschaubarer.
Die beiden Ladeluftkühler liegen ähnlich wie bei Renault seitlich außen, etwas vor dem Motor. Sie werden, zum Unterschied von Renault, fallend durchströmt und sind reine Luft-Luft-Kühler. Die abgekühlte Ladeluft tritt also relativ weit unten aus den Kühlern aus und wird von da dem Motor über je ein Ansaugsystem von seitlich unten zugeführt. Das Ansaugrohr nimmt natürlich weniger Platz in Anspruch als ein Turbolader mit seinen zahlreichen Zu- und Ableitungen, sodaß trotz des etwas größeren V-Winkels die Ferrari-Anordnung für die aerodynamische Ausbildung des Gesamtfahrzeuges sogar etwas besser zu sein scheint als die Platzaufteilung bei Renault.
Von der Motorauslegung geht Ferrari eigentlich schon wie eh und je auf absolute Höchstleistung aus. Mit der Verdichtung von 6,5:1 gibt Ferrari eine Leistung von 427 kW (580 PS) bei 11.000 U/min an. Damit ist der Ferrari heute der am höchsten drehende Turbomotor – nur die Zwölfzylinder-Saugmotoren drehen noch etwas höher.
Das Erreichen solcher Drehzahlen ist bei den Sechszylinder-1,5-l-Turbomotoren überhaupt kein Problem, weil die mittlere Kolbengeschwindigkeit (als Maß für Reibleistung = innere Verluste und Verschleiß) sogar außergewöhnlich niedrig ist. Durch die kleinen Zylinder und vor allem extrem kleinen Kolbenhübe (im Falle Renault nur 43 mm, bei Ferrari 48,4 mm) bleibt die Kolbengeschwindigkeit mit 15,0 m/s (Renault) und 17,7 m/s (Ferrari) sogar im Bereich unserer PKW-Motoren. Bei den Saugmotoren von Cosworth (22,6 m/s) und beim BMW-Vierzylinder-Turbo (21,2 m/s) liegen sie doch deutlich höher.

Der BMW-Vierzylinder-Turbo

Man nehme, so man hat, einen geeigneten Grundmotor und lade ihn auf. Bei BMW war dies ebenso wie bei Renault ein Motor, der ursprünglich für die Formel-2-Europameisterschaft entwickelt worden war. In dieser Rennserie war er viel erfolgreicher als der Renault-Motor, was sich im fünfmaligen Gewinn der Formel-2-EM ausdrückt. Der Motor basiert auf dem heute nicht mehr im BMW-Programm

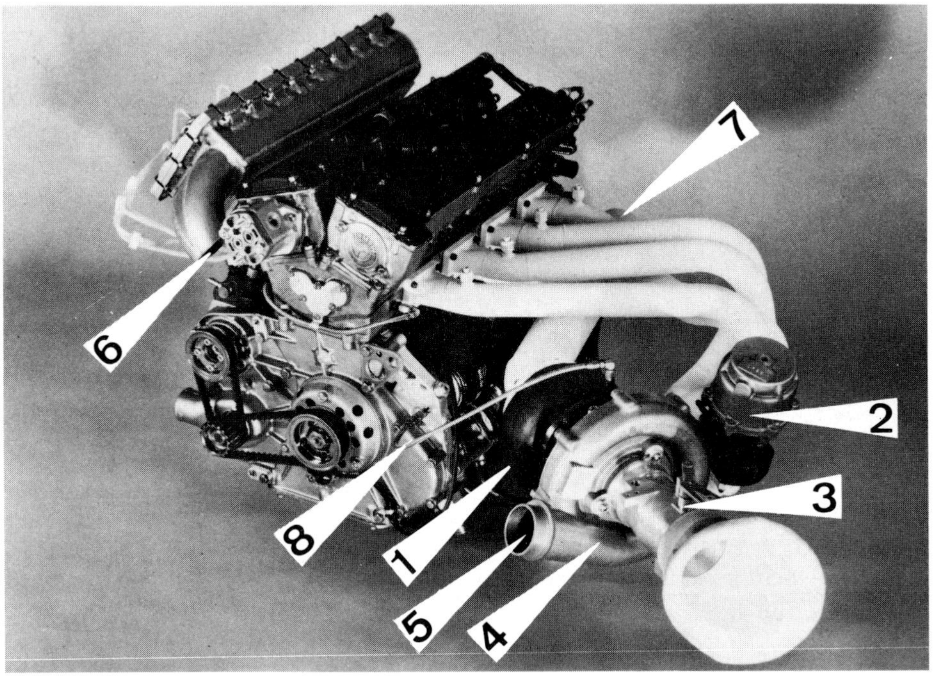

Der BMW-Motorblock stammt vom alten Zweiliter-Vierzylinder, der Zylinderkopf vom Formel-2-Motor. Die extrem langen und genau abgestimmten Auspuffrohre werden erst knapp vor dem Turbinengehäuse (1) zusammengeführt, hier ist auch das Abblaseventil = waste gate (2). Die Drosselklappe (3) sitzt vor dem Verdichter (4). Zwischen dem Verdichteraustritt (5) – Luftdruck zirka 2,8 bar, Temperatur rund 190°C – und dem Saugrohreintritt (6) ist der Ladeluftkühler zwischengeschaltet. Die Auspuffgase verlassen den Turbolader über das dicke Endrohr (7). Die Ölleitung (8) versorgt die Lagerstellen der mit etwa 110.000/min rotierenden Turboladerwelle mit Schmieröl.

Gewicht und hohem Preis aus. Die Einspritzdüsen sind direkt in den Sammler geschraubt, ragen also frei in die Mitte der Einlauftrichter.
Der ganze Motor hängt fest in einer Art Hilfsrahmen, der dann zusammen mit dem Motor die Verbindung zwischen der Monocoque-Rückwand und dem Getriebe herstellt. Eine voll tragende Funktion kann der Motor nicht übernehmen, weil er dafür nicht entwickelt wurde und sich Reihenmotoren (oben zu schmal) dafür sowieso schlecht eignen.
Die starke Seite des Motors ist die Maximalleistung, die BMW mit ca. 412 kW (560 PS) bei 9500 U/min mit einer Grundverdichtung von 6,7 : 1 und 1,8 bar Ladedruck angibt. Die schwachen Seiten des Motors sind die ungünstigen Einbauverhältnisse, das instationäre Verhalten und der Verbrauch.
Ein nicht unerheblicher Teil des Kraftstoffes wird nämlich bei Turbomotoren oft zur reinen Kühlung der Ansaugluft verwendet. Das heißt, in thermisch kritischen Bereichen wird dem Motor stark überfettetes Luft-Kraftstoff-Gemisch zugeführt. Je schlechter die Voraussetzungen sind (z. B. hohe Temperaturen der Ladeluft – schlechte Ladeluftkühlung – schlechte Brennraumform etc.), umso mehr muß dem Motor übermäßig viel Kraftstoff zugeführt werden. Eine vielleicht kommende Einschränkung für Turbomotoren etwa durch weitere Hubraumreduktion oder Begrenzung des Benzinverbrauchs würde dann Vierzylindermotoren härter treffen als Motoren mit mehr Zylindern und günstigeren Einbauverhältnissen.
Der sogenannte „Trick", den Brabham-BMW in der Saison 1982 ab dem Britischen Grand Prix in Brands Hatch probierte – mit halbleeren Tanks und weichen Reifen zu starten und zur Halbzeit einen Tank- und Reifenwechselstop einzulegen –, war kein smartes Manöver, sondern entsprach der Ungewißheit, ob bei längeren Rennen ein Tankvolumen (240 Liter) reichen würde . . . bei schneller Gangart sicherlich nicht.
Im übrigen ist der BMW-Formel-1-Motor der beste „Nachbrenner" unter den Turbos, was auch auf unserem Schutzumschlag recht hübsch gezeigt wird. Dieses Nachbrennen erlebt man hauptsächlich in der Bremszone vor Kurven. Trotz fast geschlossener Drosselklappe (oder Gasschieber) gelangt infolge des hohen Druckgefälles am Restspalt (den man für den Leerlauf unbedingt braucht) weiterhin Luft in die Brennräume. Über die Einspritzanlage kommt auch noch ein wenig Kraftstoff. Die Menge ist so gering, daß sie durch den Zündfunken nicht mehr zum Brennen gebracht werden kann. Entzündung und Verbrennung finden dann vielmehr an den glühenden Teilen der Abgasturbine und des Auspuffs statt. Die Abgase eines Turbomotors sind mit ungefähr 1100° deutlich heißer als die eines Saugers (900°). Die Folge dieser nachträglichen Verbrennung ist der gefährlich aussehende Feuerschweif, der eigentlich gar nichts zu besagen hat und höchstens den Zuschauern Spaß macht.

Der Hart-Turbo

Der erste, der mit einem aufgeladenen Vierzylindermotor zu experimentieren begonnen hatte, war der Engländer Brian Hart. Das Auto (Toleman Hart) spielte vorerst wegen eines inferioren Chassis keine glänzende Rolle, fiel aber beim Grand Prix in Brands Hatch 1982 sensationell auf, als Warwick etliche Runden lang hinter mir auf dem zweiten Platz lag. Der Motor bringt sehr gute Leistung und hat eine Menge interessanter Details. Er basiert auf dem Zweiliter-Vierventiler von Brian Hart, der ebenfalls aus der Formel-2-Europameisterschaft kommt. Dort war er etliche Jahre ein ernsthafter Konkurrent der BMW- und Renault-Motoren.
Nachdem es bei der Weiterentwicklung zum aufgeladenen Formel-1-Motor immer wieder zu Schwierigkeiten mit der Zylinderkopfdichtung gekommen war, wurde es Hart zu bunt, und er fertigte Zylinderkopf und Block aus einem einzigen Stück.

Eine interessante Entwicklung ist der Toleman-Hart-Vierzylinder-Turbo. Der Motor sieht „anders" aus, weil er aus einem einzigen Stück besteht. Block und Kopf sind zusammengegossen, es gibt also keine Zylinderkopfdichtung mehr. Aufgesetzt ist nur das Gehäuse mit den beiden Nockenwellen (Zahnriemenantrieb) für die Ventilbetätigung.

Das ganze Stück ist aus Aluminium gegossen, also entsprechend leicht. Vergebens sucht man also bei diesem Motor die allgemein bekannte Trennebene mit Dichtung zwischen Kopf und Block. Das System des einteiligen Rennmotors ist nicht neu. Bereits im Jahre 1954 hatte Mercedes-Benz Motoren ohne Zylinderkopfdichtung im Rennsport eingesetzt.
Der Abgasturbolader (Garrett Air Research) ist genau über dem Zylinderkopfdeckel, am höchsten Punkt, angeordnet und schließt sich harmonisch an die Verkleidung an. Er liegt gut sichtbar im Freien und ist somit gut gekühlt.
Interessant ist auch die Ladeluftkühlung. Es handelt sich um einen reinen Ladeluft-Wasserkühler. Um eine besonders gute Abkühlung zu erhalten, verwendet Hart nicht wie Renault das heiße Wasser des Motorkühlwasserkreislaufes, sondern einen eigenen Kreislauf. Dazu wird eine separate, vom Motor über einen Zahnriemen angetriebene Wasserpumpe benötigt. Über Aluminiumrohre wird das Wasser links

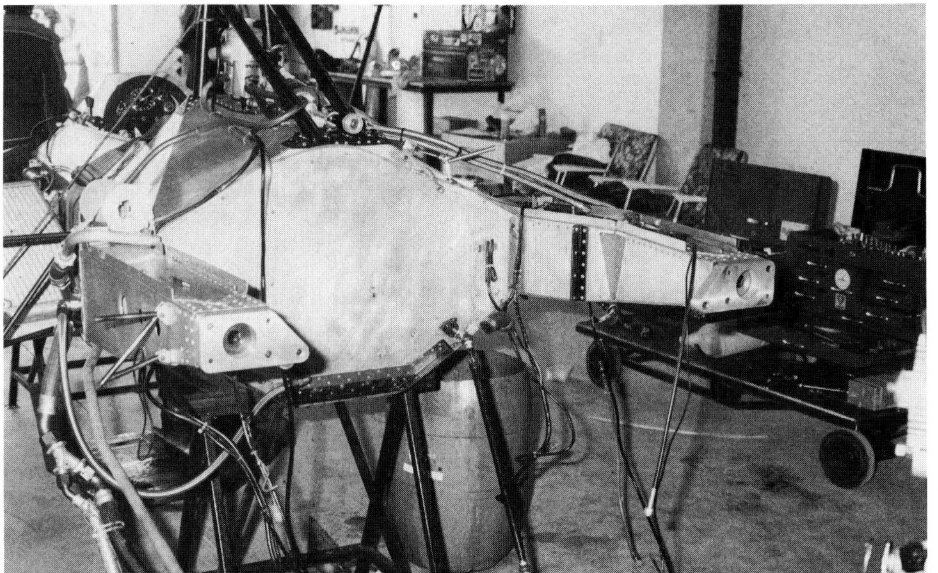

Der schmale Vierzylinder-Reihenmotor des Toleman-Hart ist allein nicht steif genug, um eine starre Verbindung zwischen Monocoque und Hinterradaufhängung beziehungsweise Getriebe herzustellen. Daher ist das Monocoque durch zwei lange Arme nach hinten verlängert.

und rechts unter dem normalen Motorwasserkühler zu großen Wärmetauschern geführt. Auf Grund des guten Wärmeüberganges Wasser-Luft ist dann der eigentliche Ladeluftkühler erstaunlich klein und kommt rechts neben dem Motor zu liegen. Da auch dieser Vierzylinder-Reihenmotor nicht voll tragfähig ist, wird wie beim Brabham-BMW auch hier eine Hilfskonstruktion um den Motor herum benötigt. Es sind zwei Aluminiumkästen, die oben links und rechts am Motor entlangführen. Sicher ist Geldmangel ein großes Handikap dieses Teams, umso bemerkenswerter sind die Begeisterung, Ausdauer und die vielen guten Ideen. Schade, daß sich in diesem teilweise großkapitalistischen Sport solche Teams kaum noch halten können.

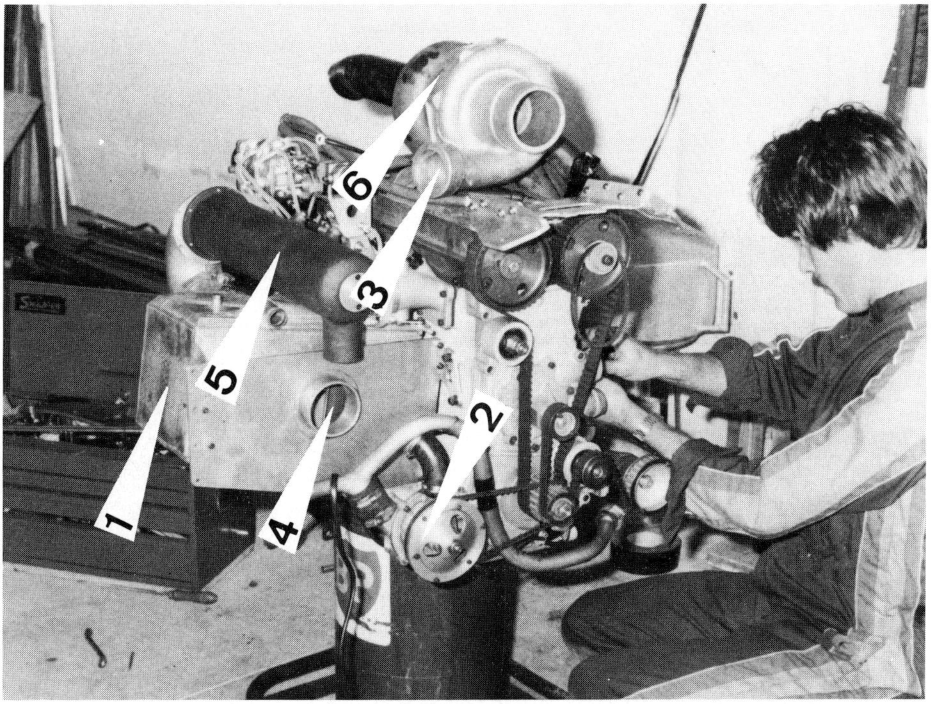

Komplettierungsarbeiten am Hart-Turbo. Der Ladeluftkühler (1) ist seitlich direkt am Motor angeschraubt. Da es ein reiner Wasser-Luft-Kühler ist (mit gutem Wärmeübergang), kann er so erstaunlich klein sein. Die Wasserpumpe (2) sichert den Wasserumlauf im vom Motor völlig getrennten Wasserkreislauf. Das im Ladeluftkühler erwärmte Wasser wird in zwei eigenen Kühlern, die im Fahrzeug seitlich liegen, wieder abgekühlt. Die Verbindungsleitung zwischen Austritt (3) vom Verdichter und Eintritt (4) zum Ladeluftkühler ist hier noch nicht eingesetzt. Die hinten aus dem Ladeluftkühler austretende Luft wird direkt ins Saugrohr (5) gedrückt. Der Abgasturbolader (6) sitzt genau oben auf dem Motor.

Bei Brian Harts Konstruktion liegt der Garrett-Abgasturbolader direkt über dem Vierzylindermotor. Das waste gate bläst in geöffnetem Zustand Abgas über den rechteckigen Kanal direkt ab. Das kegelige Alu-Bauteil mit dem Verschlußdeckel vor dem Auspuffkrümmer ist der Trockensumpf-Ölbehälter.

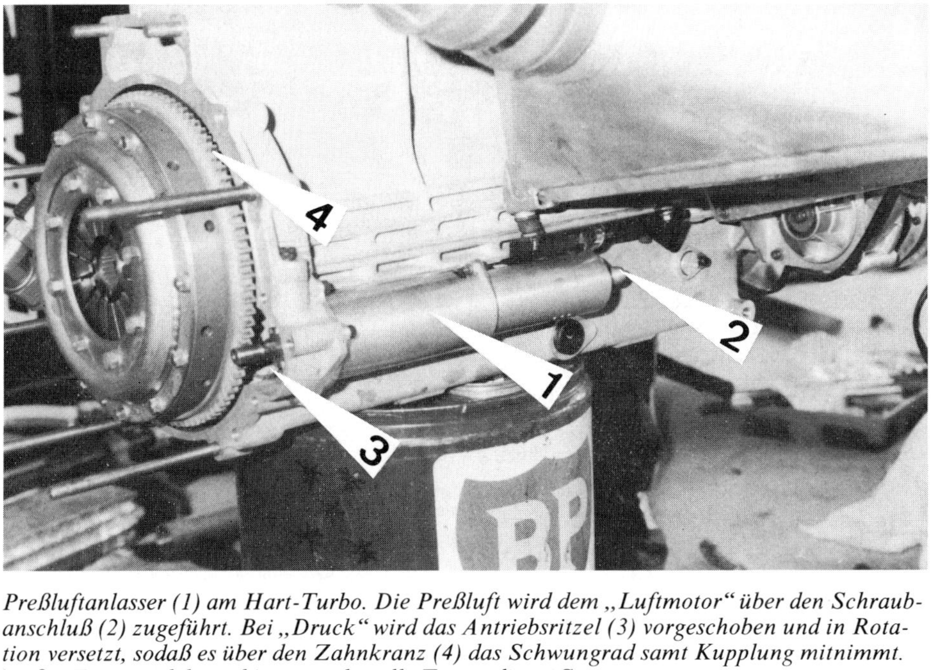

Preßluftanlasser (1) am Hart-Turbo. Die Preßluft wird dem „Luftmotor" über den Schraubanschluß (2) zugeführt. Bei „Druck" wird das Antriebsritzel (3) vorgeschoben und in Rotation versetzt, sodaß es über den Zahnkranz (4) das Schwungrad samt Kupplung mitnimmt. Außer Ferrari (elektrisch) verwenden alle Teams dieses System.

Der Heidegger-Turbo

Das ist ein aufgeladener Sechszylinder-Reihenmotor des Österreichers Rolf-Peter Marlow, der bei Porsche, BMW und Oettinger an Hochleistungsmotoren gearbeitet hatte und schließlich in Liechtenstein bei der Entwicklungsfirma Max Heidegger landete.

Eigentlich ist es der erste Motor, der speziell für die Kategorie der 1,5-Liter-Turbomotoren entwickelt wurde. Ein sehr mutiges Projekt, ebenfalls mit viel Enthusiasmus und vielen guten Ideen, aber leider mit zuwenig Geld aufgezogen. Es haben sich zwar mehrere Interessenten gemeldet, aber es war keiner darunter, der den Motor dann tatsächlich in sein Chassis eingebaut hat.

Ein generelles Problem für so kleine Firmen stellt sich meist anders dar, als man annimmt. Problematisch ist nicht so sehr die Entwicklung des eigentlichen Motors

Der Heidegger-Motor ist eine sehr aufwendige Konstruktion. Die Kurbelwelle mit 43 mm Hub ist extrem leicht und besitzt Mittenabtrieb. Die kleinen Kolben laufen in ölgekühlten Büchsen. Die Pleuel sind aus vollbearbeitetem Titan.

mit seinen für einen Laien komplizierten Teilen, sondern die Realisierung des Motor-Umfeldes. Gerade aufgeladene Motoren benötigen aufwendige Zünd- und Einspritzanlagen sowie speziell entwickelte Aufladegeräte. Da diese Entwicklungen sehr teuer und praktisch für jeden Motor speziell abzustimmen sind, arbeitet die Zulieferindustrie lieber mit Firmen zusammen, mit denen sie über Großserienprodukte sowieso in Verbindung ist.

Extremer Leichtbau, günstige Zylinderzahl, optimale konstruktive Voraussetzungen, dies stand im Vordergrund der Entwicklung. Wie Renault und Ferrari hat auch der Heidegger-Motor sechs Zylinder. Diese sind allerdings nicht V-förmig, sondern in Reihe angeordnet. Mit Bohrung 86 mm und Hub 43 mm ging man kein Risiko ein, da es dieselben Werte wie bei Renault sind.

Ganz anders jedoch ist das Kurbelgehäuse. Statt Stahlguß (Renault) wird hier das über viermal leichtere Magnesium verwendet. Da auch bei den anderen Teilen

Der Größenvergleich des BMW-Vierzylinders (rechts) mit dem Heidegger-Sechszylinder zeigt die Möglichkeiten eines Konstrukteurs, wenn er ein Triebwerk speziell für die Gegebenheiten der „Turbo-Formel-1" konstruiert, wie es bei Heidegger der Fall war. Selbstverständlich schlagen sich solche Unterschiede auch im Gewicht nieder.

ordentlich an Gewicht gespart wurde, ergibt sich nach Angabe des Herstellers das sensationell niedrige komplette Motorgewicht von 130 kg. Damit hätte man gegenüber dem Zweitleichtesten zunächst einmal ca. 30 kg eingespart. Ein Teil davon geht allerdings wieder verloren, weil auch dieser Motor auf Grund der langen und schmalen Bauweise nicht voll tragfähig ist.
Da sich lange Sechszylinder-Kurbelwellen heftig gegen hohe Drehzahlen sträuben (große Schwierigkeiten wegen Drehschwingungsbrüchen ab 9000 U/min), wählte man hier den Mittenabtrieb. Der Motor ist also praktisch aus zwei Dreizylindermotoren zusammengesetzt. Genau in der Kurbelwellenmitte befindet sich ein kräftiges Zahnrad, das dann die Leistung nach außen auf eine parallel zur Kurbelwelle nach hinten, zum Getriebe, führende Übertragungswelle leitet.
Am Motorende wird dann mit einem Zahnradpaar die Übertragung zum Schwungrad mit Kupplung hergestellt. Das ganze hat neben der Problemlösung „lange Kurbelwelle" einen weiteren Vorteil.
Während normalerweise Mitte Getriebe mit Mitte Kurbelwelle identisch ist, ist hier eine freie Positionierung von Motor und Getriebe möglich. Je nach Erfordernis kann so der Motor tiefer oder auch seitlich versetzt zum Getriebe eingebaut werden. Der Zylinderkopf besteht aus zwei Einheiten zu drei Zylindern, sodaß sie entsprechend kompakt und steif sind. Der Antrieb der obenliegenden Nockenwellen erfolgt auch in Motormitte über Zahnräder.
Von der erzielbaren Leistung her bietet ein Reihensechszylinder die gleichen Möglichkeiten wie ein Sechszylinder in V-Form, der sich aber, wie schon mehrmals erwähnt, auf Grund seiner symmetrischen, kompakten Bauweise besser und harmonischer in ein Fahrzeugkonzept einfügen läßt. Trotzdem wäre diesem Motorprojekt ein geeigneter Fahrzeugpartner beziehungsweise Geldgeber zu wünschen.

Der Porsche V6-Turbo

Obwohl Porsche vor vielen Jahren bei der Entwicklung eines eigenen Formel-1-Motors keine sehr glückliche Hand hatte, ist es heute jene Firma, die am meisten Erfahrung mit aufgeladenen Motoren hat. Hier wurden die Möglichkeiten der Aufladung sehr früh erkannt und sowohl für den Rennsport als auch für Straßenfahrzeuge mit Erfolg umgesetzt.

Nun lebt die Firma Porsche nicht nur von ihren eigenen Fahrzeugen, sondern hat sich auch als im Auftrag arbeitende Entwicklungsfirma einen hervorragenden Namen gemacht. Über die Firmen, die bei Porsche „arbeiten lassen", spricht man aus verständlichen Gründen nicht gerne. Fest steht, daß rund 40% der zur Verfügung stehenden Entwicklungskapazität für solche Fremdaufträge bereitgehalten werden.

McLaren International gab einen solchen Auftrag für einen V6-Turbomotor, was erstmals in der Turbo-Ära die Chance eröffnete, einen Motor von Grund auf neu zu entwickeln und dabei auf die speziellen Erfordernisse eines aerodynamisch ausgebildeten Flügelautos einzugehen. Wir haben ja schon oft darauf hingewiesen, wie heikel gerade bei einem Turboauto die Schnittstelle Motor/Fahrzeug ist. Nur in der harmonischen Anpassung beider Seiten aneinander kann der Erfolg liegen.

Entsprechend eng war die Zusammenarbeit zwischen McLaren International und Porsche während des Entwicklungsjahres 1982. Auf seiten der Briten waren Ron Dennis für Management und Finanzierung und John Barnard für Technik verantwortlich, der verantwortliche Projektleiter bei Porsche war Hans Metzger. Mit McLarens Einwilligung kann ich zu einem sehr frühen Zeitpunkt einige Details über jenen Motor sagen, der sicherlich mit ein Grund war, warum ich mich auch für 1983 für McLaren entschieden habe.

Der neue Motor ist ebenso wie der Ferrari und Renault ein V6. Es ist ein echter V-Motor, das heißt, daß je zwei Pleuel auf eine Kurbelwellenkröpfung arbeiten. Die Kurbelwelle hat also nur drei Kröpfungen, die jeweils um 120° versetzt sind.

Zwischen Fahrzeug- und Motorentechnikern wurde lange über den Winkel diskutiert, den die beiden Zylinderreihen einschließen sollen. Auf der einen Seite stand die Forderung von John Barnard, ein optimales *wing car* bauen zu können, auf der anderen Seite mußte überall genug Platz für Turbolader, Ladeluftkühler, Ansaugkrümmer etc. vorhanden sein. Man einigte sich schließlich auf einen Winkel von 80°, einen Winkel, den es bisher bei V-Motoren noch nie gegeben hat.

Der Motor hat damit zwar freie Massenmomente erster und zweiter Ordnung und einen ungleichen Zündabstand, bietet aber insgesamt optimale Einbauverhältnisse. Die freien Massenmomente (die auch die anderen V6-Zylinder haben) sind von

untergeordneter Bedeutung, und die ungleiche Zündfolge ist bei hochdrehenden Motoren ebenfalls kein Problem. Wichtig ist, und das ist ja gewährleistet, daß der Zündabstand pro Zylinderreihe gleich ist, damit es zu einer gleichmäßigen Beaufschlagung der Turbolader (je einer pro Zylinderreihe) kommt. Durch den kleinen V-Winkel können die seitlich außen liegenden Turbolader so hoch genommen werden, daß sie einer optimalen aerodynamischen Ausbildung der seitlichen Luftschächte nicht im Weg sind.
Eine weitere Forderung von McLaren betraf den unteren Teil des Motors, also links und rechts der Kurbelwelle. Hier sollte der Motor möglichst schmal gebaut sein, damit ein strömungsgünstiger Unterboden realisierbar wird. Die bei V-Motoren üblicherweise hier angeordneten Öl- und Wasserpumpen waren also an anderer Stelle unterzubringen.
Der Motorblock selbst ist aus Gewichtsgründen natürlich aus Aluminium und in Kurbelwellenebene geteilt. Das Unterteil ist ebenfalls aus Aluminium gegossen, beinhaltet die Hauptlagerdeckel und ist gleichzeitig die Ölwanne. Die extrem steife Ausbildung läßt erwarten, daß hier die Hauptlagerkräfte gefahrlos aufgefangen werden können und zusätzlich genug Reserve für weitere Beanspruchungen vorhanden ist. Die Kolben laufen in nassen Zylinderbüchsen, die wegen bestmöglicher Wärmeabfuhr ebenfalls aus Aluminium sind. Die Laufflächen sind, wie schon lange üblich, nikasilbeschichtet.
Neben hoher Steifigkeit des Blocks wurde auch bei den Zylinderköpfen auf große Steifigkeit geachtet, denn der Motor muß (auch das eine Forderung von John Barnard) ebenso wie der Cosworth eine voll mittragende Funktion erfüllen können. Abweichend von allen bisherigen Rennmotor-Vierventilzylinderköpfen ist er hier einteilig ausgeführt, was ihm insgesamt eine enorme Steifigkeit verleiht. Durch eine ausgetüftelte Konstruktion war es möglich, auf die sonst übliche komplizierte Zweiteilung des Kopfes zu verzichten. Mit einem Ventilwinkel von 30° und einem Hub-Bohrungsverhältnis von 0,576 reiht sich der Motor zwischen Renault und Ferrari ein.
Der Antrieb der insgesamt vier obenliegenden Nockenwellen erfolgt ausschließlich über Zahnräder (13 Stück). Um Platz und Gewicht zu sparen, dienen zwei dieser Räder gleich zum Antrieb der Wasserpumpen. Auch der Antrieb der beiden unten vorne liegenden Ölpumpen erfolgt über Zahnräder. Bei der Konstruktion wurde also von vorne herein auf größtmögliche Zuverlässigkeit, extreme Steifigkeit und Optimierung bis ins kleinste Detail Wert gelegt. Dabei wurde so konsequent vorgegangen, daß kein einziges Bauteil, also auch nicht etwa ein Pleuel von bisherigen Rennmotoren, weiterverwendet werden konnte.
Die Luft samt Kraftstoff wird dem Motor von innen, also vom V aus, zugeführt. Hier ist auch Platz für den Antrieb der Kugelfischer-Einspritzpumpe. Ob man sich

allerdings für dieses Einspritzsystem oder lieber für eine vollelektronische Einspritzung entscheiden wird, ist noch unklar.
Auch wenn dies eine Maschine ohne revolutionäre Lösungen ist, so bin ich doch sicher, daß die Techniker hier optimale Voraussetzungen geschaffen haben – die Erwartungen sind ohnedies hoch genug gesteckt. Andererseits erlebt man heute praktisch bei jedem Rennen aufs neue, wie ungeheuer schwierig die Beherrschung der Turbomotoren ist und wie schwer sie thermisch in den Griff zu bekommen sind. Drum läßt sich auch von einer Porsche-Entwicklung nicht erwarten, was 1967 dem Cosworth-Motor gelang: Erstes Rennen, erster Sieg. Konkurrenz und Belastung sind heute ungleich höher als damals.
Cosworth, Matra, Alfa Romeo, Renault, Ferrari, Hart, BMW und Porsche-McLaren – das ergibt acht verschiedene Motoren, was in der Geschichte der Formel 1 einmalig ist. Mit Honda, deren Rückkehr zumindest diskutiert wird, wären es sogar neun. Da Alfa den bisherigen Zwölfzylinder-Sauger durch den Achtzylinder-Turbo ablösen und Lotus mit Renault-Motoren ausgerüstet wird, werden wir bald Rennen erleben, bei denen mehr Turbos als Sauger an den Start gehen.

Wie ich mit dem Motor lebe

Zum Zeitpunkt, da dieses Buch in Druck geht, habe ich vom Porsche-Motor bloß Zeichnungen gesehen. Erste Prüfstandläufe waren für Spätherbst 1982 geplant, und mit dem ersten Start eines McLaren-Porsche rechneten wir mit Frühjahr 1983. Ich kann daher hier nur mein Leben mit dem Cosworth-Motor beschreiben, und das ist simpel genug: Der Bursche hat zu funktionieren, und ich erwarte immer die gleiche Leistung von ihm. Auf Grund der langen Reifezeit des Cosworth-Motors ist diese Erwartenshaltung recht und billig, es gibt auch tatsächlich wenig Enttäuschungen. Wenn ich einmal irgendwo bei Testfahrten oder in einem Training zu langsam bin, wird der Motor als mögliche Ursache kaum in Betracht gezogen. Es kommt also selten vor, daß an ihm herumexperimentiert wird. Es gibt kein langwieriges Einstellen und Probieren von Zündzeitpunkten, Einspritzzeitpunkten oder -mengen, es gibt auch keine Versuche mit anderen Nockenwellen, anderen Ansaug- oder Auspuffanlagen. Im McLaren-Team hat der Motor nicht jenen Stellenwert, wie er ihn etwa bei Ferrari hatte, wo ein erheblicher Teil der ganzen Liebe, Sorgfalt und Pflege auch dem Motor galt. Dort spürte man den Motor viel mehr als Bestandteil des ganzen Autos. Funktioniert bei McLaren einmal ein Cosworth-Motor tatsächlich nicht, wird nicht lange nach Ursachen gesucht, sondern einfach ausgetauscht. Man hält sich nicht lange mit dem Motor auf, schon deshalb, weil das Auswechseln auf

Die Sauger: Teams und Daten

Stand: GP Österreich 1982

	FORD COSWORTH	MATRA	ALFA ROMEO
Teams	Arrows, ATS, Ensign, Fittipaldi, Lotus, March, McLaren, Osella, Theodore, Tyrrell, Williams	Talbot	Alfa Romeo
Zylinderzahl, Bauform	8 V 90°	12 V 60°	12 V 60°
Hubraum ccm	2991,7	2992	2991
Bohrung×Hub (mm)	85,7×64,8	79,7×50,0	78,5×51,5
Leistung bei l/min	368 kW 500 PS 10.500	375 kW 510 PS 11.600	387 kW 525 PS 12.300
Hub/Bohrung	0,75	0,63	0,66
Kolbengeschwindigkeit m/s	22,6	19,3	21,1
Verdichtung	11,4 : 1	11,1 : 1	11 : 1
Benzineinspritzung	Lucas	Lucas	Lucas
Motorgewicht	156 kg	187 kg	180 kg
Literleistung	123 kW 167 PS	125 kW 170 PS	129 kW 175 PS
Ventilwinkel	32°	32°	26°
GP-Einsätze/GP-Siege	218/150	121/3	57/0
Motor eingesetzt seit wann?	1967	1968/70–72/75 76–78/81–82	1979

Der Schutz des Fahrers ist zweifellos heute besser als früher. Teilweise rein zufällig durch die für die *wing cars* notwendige Lage des Tanks, teilweise durch Auflagen seitens der FIA. Da Chassis und Sicherheit zusammengehören, wollen wir das hier auch gemeinsam behandeln.

Das Chassis ist heute zumindest bei den Spitzenautos ein ungemein steifes, langes, schlankes Gebilde, das vor den Pedalen beginnt und hinter dem Tank mit dem Motorflansch endet. Die Mindestbreite wird im vorderen Bereich ausschließlich durch das für das Cockpit vorgeschriebene Maß von 45 cm bestimmt. Diese Vorschrift war notwendig, um Exzessen der Konstrukteure vorzubeugen, die das Cockpit und damit den Raum für die Beine des Fahrers gerne noch enger gemacht hätten. Tatsächlich war der alte McLaren (da gab es diese Bestimmung noch nicht) so eng gebaut worden, daß meine Beine die innenliegenden Stoßdämpfer berührten. In Höhe der Schultern und für den Tank erweitert sich dann das Monocoque auf ca. 60 cm. Am Ende, also dort, wo der Motor beginnt, ist es genauso breit, wie es der Motor verlangt, im Falle meines Autos also 67 cm. Dadurch gibt es einen harmonischen Übergang vom Monocoque zum Motor. Der Motor liegt genau im Schatten des Monocoques und kann somit, sofern er dafür geeignet ist, direkt und steif angeschraubt werden.

Aufbau und Material des Monocoques

Bei der Dimensionierung und Materialauswahl entscheidet der Konstrukteur ganz wesentlich über die tatsächliche Sicherheit des Autos. Es gibt auch hier Bestimmungen, die aber kein Mensch kontrolliert, ja gar nicht kontrollieren kann, weil dazu oft umfangreiche teure Prüfeinrichtungen erforderlich wären. Es bleibt also nichts anders übrig, als an das gute Gewissen der Konstrukteure zu appellieren, die Produkte auch sicher zu entwickeln. Daß das oft nicht der Fall ist, zeigt sich leider erst bei oder nach einem Unfall. Oft fehlt es natürlich auch an den nötigsten Mitteln, um zu sicheren Autos zu kommen. So hätte es beispielsweise bei dem gräßlichen Auffahrunfall von Riccardo Paletti beim Start zum Großen Preis von Kanada 1982 nie zu einem Einknicken der Tankzelle mit Aufreißen des Gummiblasentanks kommen dürfen. Es hätte zwar dem armen Paletti auch nicht mehr geholfen (er war durch einen Aorta-Riß sofort tot), aber ein Auto nach dem letzten Stand der Technik hätte auch nach diesem schweren Anprall nicht Feuer gefangen. Das gestauchte und geknickte Aluminium hat den Sicherheitstank aufgerissen – eine Situation, die längst nicht mehr passieren dürfte.

Das modernste, teuerste, aber auch steifeste Material, das heute in zunehmendem Maße für Monocoques verwendet wird, ist kohlefaserverstärkter Kunststoff.

Auch bei der Konstruktion des neuen Lotus, an dem äußerlich alles weich und rund ist, konnte natürlich nicht darauf verzichtet werden, den Fahrer extrem weit vorne sitzen zu lassen. Über die beiden Hutzen seitlich hinter dem Sturzhelm wird dem Motor Frischluft zugeführt.

Das Monocoque des Lotus ist voll aus kohlefaserverstärktem Kunststoff gefertigt. Es beinhaltet auch den Benzintank, der hinter dem Rücken des Fahrers beginnt und bis zum Motor reicht. Der Motor ist direkt an die Rückwand angeschraubt.

Zur Feststellung der Bremsscheibentemperatur wird der Rand der Scheibe mit einem zunächst weißen Lack bestrichen. Je nach Zusammensetzung verändert sich die Farbe des Lackes unter Temperatureinfluß. Anhand der Farbtönung kann dann die tatsächlich aufgetretene Maximaltemperatur bestimmt werden. Diese Art von Temperaturmessung ist zwar nicht extrem genau, aber sehr einfach und spart den Einbau von aufwendigen und komplizierten Temperaturmeßeinrichtungen.

Continental
DUNLOP
GOOD YEAR
LONGINES
Agip
27
MAGNETI MARELLI
olivetti
GOOD YEAR

Linke Seite: Reifenwechsel-Training gehört zur Mechaniker-Routine am Rennwochenende (hier am Ferrari von Patrick Tambay). Länger als zehn Sekunden sollte ein kompletter Reifenwechsel nicht dauern. Diese Seite: Team Williams.

Für einen Motorwechsel

einem Bremssattel mehr verfügbare Raum kann in Form von größeren Bremsscheiben genützt werden, also mit Bremsscheiben größeren Durchmessers und damit verbesserter Bremswirkung, weil auch bessere Abkühlung umgesetzt werden kann.
Die Ausführung mit doppeltem Bremssattel findet man auch schon bei den Hinterradbremsen. Durch die aerodynamische Ausbildung der Fahrzeuge kann heute über die Hinterradbremse mehr Bremskraft aufgenommen werden als früher. Die Verlagerung der Bremskraft durch die Verschiebung des Schwerpunktes beim Bremsen auf die Vorderachse ist durch die große vertikale, von der Aerodynamik hervorgerufene Kraft, die ja auf das gesamte Fahrzeug wirkt, überdeckt. Außerdem wirkt die beim Bremsen auftretende Kraft bei den Hinterrädern infolge des größeren Durchmessers auch mit einem größeren Hebelarm. Daraus erklärt sich, daß heute oft an Vorder- und Hinterachsen sowohl die gleichen Scheibengrößen als auch die gleichen Bremssättel verwendet werden.
Die Bremskraftverteilung wird mit Hilfe von zwei Hauptbremszylindern, die über einen Waagebalken mit dem Bremspedal verbunden sind, bestimmt. Ein Hauptbremszylinder versorgt die vorderen Bremsen, der andere den hinteren Bremskreis. Durch Verschieben des Waagebalkens (auch vom Cockpit aus möglich) kann die Bremskraftaufteilung unterschiedlichen Verhältnissen angepaßt werden. In der Praxis wird die Einstellung nur dann verändert, wenn Unregelmäßigkeiten passieren (Dampfblasenbildung in der Bremsflüssigkeit, Belagverschleiß). Besonders unangenehm ist es, wenn das Auto hinten überbremst, weil es beim Anbremsen unstabil wird.
Die Bremsleitungen, die den Bremsdruck zu den Bremssätteln übertragen, liegen nicht etwa frei im Luftstrom, sondern sind zumindest bei den Spitzenautos fein säuberlich in den Querlenkern versteckt oder im Windschatten der Querlenker angeordnet, damit sie nur ja keinen zusätzlichen Luftwiderstand erzeugen.
Der Radträger mit Bremsscheibe, Bremssätteln und Rad ist mit dem Chassis über Querlenker verbunden. Die Art dieser Verbindung (wo nun die Gelenke am Chassis und auch am Radträger angeordnet sind) war früher eines der großen Geheimnisse. Durch Variation dieser Gelenke, was ihre Lage betrifft, kann nämlich die Radkinematik (also wie sich das Rad beim Ein- und Ausfedern verändert, welche Bewegungen es gerade ausführt) korrigiert beziehungsweise verändert werden. Änderungen des Sturzes oder der Vorspur über den Ein- oder Ausfederweg bestimmten früher in sehr anschaulicher Weise das Fahrverhalten eines Fahrzeuges. Das typische Unter- bzw. Übersteuern ist heute kaum mehr zu erkennen. Die Autos fahren, solange sie nicht springen, wie auf Schienen durch die Kurven. An den Stoßdämpfern (Federtellern) wird nur gedreht, wenn das Auto aus aerodynamischen Gründen höher oder tiefer muß. Ansonst wird im Training oder auch bei Testfahrten kaum an Radaufhängungen experimentiert.

Die Querlenker selber sind oval gedrückte Rohre, damit sie dem Fahrtwind wenig Widerstand entgegensetzen. Sie sind sowohl außen als auch innen in sogenannten Unibalgelenken gelagert. Entsprechend dem schmalen Monocoque und dem großen, frei bleibenden Raum zwischen Monocoque und dem eigentlichen Rad sind die Querlenker sehr lang geworden. An der Vorderachse findet man fast ausschließlich einen oberen und unteren Dreiecksquerlenker mit möglichst breiter Basis am Monocoque.

Diese breite Basis wird gewählt, um die Kräfte, die über die Querlenker auf das Monocoque eingeleitet werden, gut aufzufangen. Die Basis beim unteren Querlenker ist größer als beim oberen, weil hier auch die Kräfte höher sind. Der obere Lenker muß allerdings nicht nur Kräfte aufnehmen, die vom Bremsen bzw. Beschleunigen und von Querkräften bei Kurvenfahrt herrühren, sondern auch Biegekräfte übertragen, weil die Stoßdämpfer mit zugehörigen Federn innerhalb der Gelenke angeordnet sind und vom oberen Querlenker beaufschlagt werden. Es gibt auch einige wenige Ausnahmen. Bei diesen Konstruktionen wird die Federkraft nicht über den oberen Querlenker übertragen, sondern über eine Zugstrebe. Diese Strebe ist oben am Radträger befestigt, läuft nach schräg unten und betätigt die Feder über einen Kipp- oder Schwinghebel.

Da die Aerodynamik zusätzlich die aufzufangenden Kräfte stark erhöht, kommt es zu sehr komischen Fahrwerksfedern, die diese enormen Kräfte gegenüber dem Chassis aufzufangen und abzustützen haben. Sie mußten extrem steif werden, was man daran erkennt, daß sie sehr kurz sind, also sehr wenige Windungen haben bei gleichzeitig dickem Drahtdurchmesser. Die Federkraft steht nicht etwa im gesamten Ein- und Ausfederweg zur Verfügung, sondern nur in einem sehr kleinen Bereich, weil das technisch gar nicht anders geht: Schon bei geringfügigem Ausfedern wird die Fahrwerksfeder locker, das heißt, sie liegt dann nicht mehr am oberen und unteren Federteller an.

Bei Betrachten der Fahrzeugfederung fragt man sich, warum sie überhaupt noch vorhanden ist, warum es nicht schon längere Zeit Experimente mit irgendwelchen Gummipaketen gibt. Möglicherweise würde man damit bessere Ergebnisse bekommen als mit den heutigen Lösungen. Möglicherweise würden dann auch die Fahrzeuge weniger wild über die Fahrbahn springen, als das heute der Fall ist.

Da Federn und Dämpfer für extrem hohe Geschwindigkeiten ausgelegt werden müssen, tut sich bei geringerem Tempo natürlich überhaupt nichts. Beim Besteigen des Autos oder wenn ein Mechaniker vorne oder hinten irgend etwas repariert und dazu irgendwo auf das Chassis steigt, bemerkt man nicht die geringsten Ein- und Ausfederungen – das Auto ist starr wie ein Bock. Daran kann man auch mit unterschiedlichen Stoßdämpfereinstellungen nichts ändern, da auch sie für hohe Geschwindigkeiten ausgelegt sind.

Sophistisches Material für neue Bremsen

Alle Spitzenautos haben zwei Bremssättel pro Scheibe, zumindest an der Vorderachse. Die Bremsscheibe ist über einen Alutopf mit der Radlagerung verbunden. Die Lufthutze führt Fahrtwind von innen an die Scheibe. Die Luft kommt durch die Kühlkanäle in die Scheibe und tritt am Umfang aus.

Bremsscheiben aus kohlefaserverstärktem Kohlenstoff sind im Versuchsstadium. Sie zeichnen sich durch extrem geringes Gewicht und enorme Temperaturbelastbarkeit aus. Die von hoch beanspruchten Metallscheibenbremsen her bekannten Kühlkanäle sucht man hier vergebens. Die insgesamt vier Bremsbeläge sind aus ganz ähnlichem Material wie die Scheibe. Konventionelle Bremsbeläge würden sofort verbrennen.

Bremsbelagwechsel hinten. Die Beläge werden beschriftet, sie geben Aufschluß über Verschleiß, Zustand und Temperatur der Bremsanlage.

Die Übertragung der Federbewegungen nach innen auf das Stoßdämpferfederbein hat den Vorteil, daß hier nun auch der Stabilisator angeordnet werden kann, da ja diese Federbewegungen bis hierher mitgeteilt werden. Der Stabilisator wird damit extrem klein und kommt voll innerhalb des Chassis zu liegen. Der eigentliche Torsionsstab, der sich bei unterschiedlichen Ein- und Ausfederbewegungen auf der

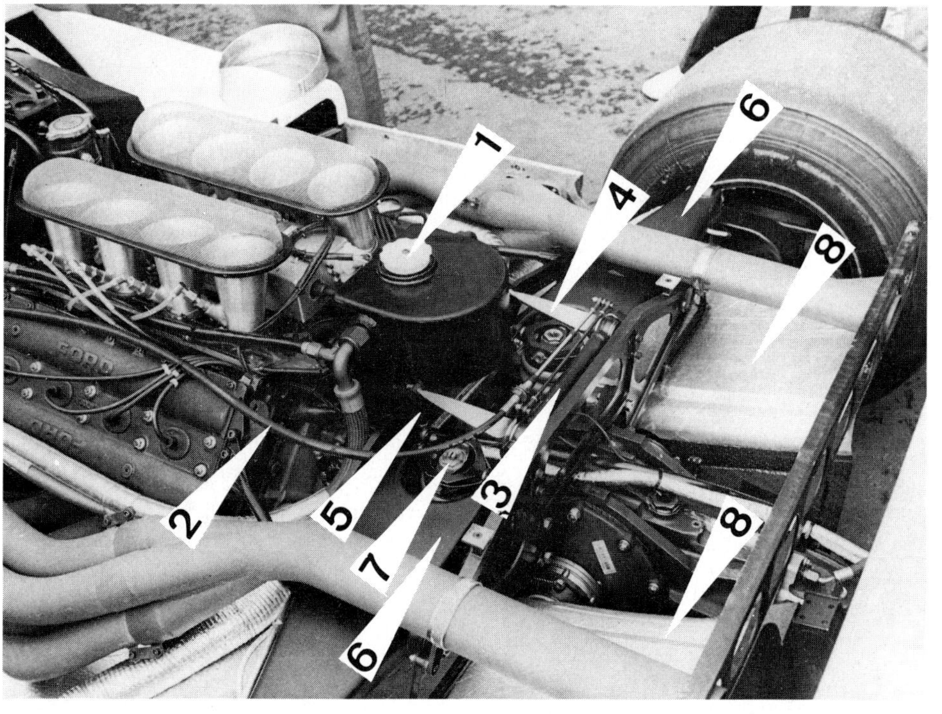

Die Gesamtansicht der Motor-Trockensumpftank-Getriebe-Einheit und der hinteren Radaufhängung zeigt zunächst den klaren, einfachen Aufbau des McLaren. Bei (1) wird Öl in den Trockensumpfbehälter eingefüllt. Gleich dahinter befindet sich der über den Zug (2) verstellbare hintere Stabilisator. Der Torsionsstab (3) des Stabilisators ist extrem kurz, tordiert wird er von den beiden um 90° verdrehbaren Betätigungsarmen (4). Diesen Armen wird die Ein- beziehungsweise Ausfederbewegung über die Reaktionsstäbe (5) mitgeteilt. Der Stabi auf diesem Bild steht auf ganz weich. Die beiden dicken Schwingen (6), deren Lagerung durch die beiden Endrohre verdeckt ist, übertragen die auf die Räder wirkenden Kräfte nach innen auf die Feder-Dämpfereinheit (7). Längslenker gibt es nicht mehr, die würden nur die optimale Ausbildung der seitlichen Luftschächte (8) behindern. Differential und Getriebe sind sehr schmal, damit die seitlichen Luftschächte möglichst breit sein können.

linken und rechten Fahrzeugseite verdreht, ist extrem kurz. Beaufschlagt wird er von zwei Hebelarmen, die so ausgebildet sind, daß sie beim Verdrehen unterschiedliches Widerstandsmoment aufweisen. Es ist dies im wesentlichen ein Profil, das in eine Richtung viel, in der anderen Richtung wenig Widerstandsmoment hat, am besten erklärbar durch ein Federblatt. Liegt dieser Betätigungsarm (Federblatt) für den Stabilisator waagrecht, wird relativ wenig Kraft auf den eigentlichen Torsionsstab übertragen, weil sich das Federblatt in sich verbiegt; liegt es hingegen senkrecht (hochkant), wird dem Torsionsstab viel Kraft mitgeteilt, weil sich der Hebelarm in dieser Richtung nicht mehr verbiegt. Da diese Verdrehung mit Hilfe eines Bowdenzuges vom Armaturenbrett aus vorgenommen werden kann, ergibt sich so die elegante Möglichkeit, die Stabilisatorverstellung während der Fahrt vom Cockpit aus vorzunehmen. Die zeitraubende Arbeit an den Boxen für die Mechaniker, die früher den Stabilisator dadurch verstellten, daß sie Schrauben der Reaktionsstäbe lösten und in andere Löcher setzten, entfällt vollständig. Ein weiterer Vorteil ist, daß die Stabilisatoren während des Rennens, wo sich ja das Fahrverhalten laufend ändern kann, an neue Bedingungen angepaßt werden können. Die Betätigung erfolgt über kleine Drehknöpfe oder Schiebehebel, die eine Rasterung haben, sodaß sie sich nicht selbständig in eine andere Position zurückverstellen können.

Im Rennen oder Training wird man für die neue Einstellung von Bremskraftaufteilung und Stabilisatoren ein möglichst ebenes gerades Stück der Rennstrecke wählen, das es erlaubt, eine Hand kurz vom Lenkrad zu nehmen. Im Training werden die Stabilisatoren ziemlich oft verstellt, im Rennen nur dann, wenn durch Reifenverschleiß und somit geändertes Fahrverhalten eine neue Situation entstanden ist.

Während man früher mit Stabilisatoren das Fahrverhalten der Autos über einen weiten Geschwindigkeitsbereich verändern konnte, wirkt heute der Stabilisator auf das Fahrverhalten nur mehr im untersten Geschwindigkeitsbereich, in Kurven, die im zweiten Gang durchfahren werden, also nur auf extrem langsamen Stücken einer Rennstrecke. Jenseits dieser Geschwindigkeit wird das Fahrverhalten eindeutig von der Aerodynamik mit all den verschiedenen Einflußgrößen bestimmt.

Die Hinterradaufhängung ist durch die *wing car*-Entwicklung der vorderen ziemlich ähnlich geworden. Auch hier gibt es zwei Dreiecksquerlenker, wobei der obere biegesteif ist, sodaß er (wie vorne) die Kräfte nach innen auf die Feder-Dämpfer-Einheit übertragen kann. Die früher üblichen Längslenker mußten völlig weichen, weil sie den seitlichen Luftschächten im Weg gewesen wären. Die oberen Querlenker sind meist in einer Hilfskonstruktion gelagert, damit die Übersetzungsverhältnisse vom Rad auf die Feder-Dämpfer-Einheit nicht zu ungünstig werden. In dieser Hilfskonstruktion liegen dann auch wieder die Stoßdämpfer mit Federn sowie der Stabilisator, der in Funktion und Größe praktisch dem vorderen Stab entspricht. Auch hier ist es wieder extrem wichtig, daß diese Radaufhängungsteile möglichst nicht im Bereich der seitlichen Luftschächte zu liegen kommen, wo sie der abströmenden Luft Widerstand entgegensetzen könnten. Anhand unserer Fotos wird anschaulich gezeigt, daß im Bereich der Luftschächte wirklich nur die Teile liegen, die unbedingt notwendig sind, das sind also die sehr dünne Antriebswelle und die ebenfalls sehr zierlich ausgebildeten Querlenker.

Um die aerodynamischen Hilfsmittel zur Wirkung zu bringen, müssen Flügelautos unten möglichst leer und glatt sein. Diesem Ziel werden alle Überlegungen bezüglich der Fahrwerkskonstruktion untergeordnet. Auf diesem Bild sind auch die am Boden schleifenden Schürzen deutlich zu sehen.

Reifen

Der große Angriff der Gürtelreifen im Rennsport

Die Reifenindustrie ist praktisch von Anfang an einer der Hauptträger des Rennsportes. Durch die Beteiligung von Michelin ist nun nicht nur eine neue Firma, sondern auch ein anders konstruiertes Produkt in den Rennsport gekommen. Michelin ist ja die Firma, die als erste Gürtelreifen für Straßenautos entwickelte und damit weltweit erfolgreich war. Praktisch alle Hochleistungsreifen für unsere Autos werden heute nach diesem Verfahren gebaut, weil sich damit die besten Ergebnisse erzielen lassen, was Fahreigenschaften, Verschleiß und Sicherheit betrifft.
Zur Erinnerung: Beim Gürtelreifen liegt die Versteifungsstruktur der Lauffläche (Draht, Kunststoffasern oder -gewebe) in Fahrtrichtung (= Gürtel), in den Seitenflanken hingegen quer dazu. Bei Diagonalreifen ist diese Struktur (Karkasse) schräg eingelegt.
Michelin ist nun vor wenigen Jahren angetreten, um zu beweisen, daß das System des Gürtelreifens auch im Formel-1-Sport, in dem bisher praktisch ausschließlich Diagonalreifen verwendet wurden, erfolgreich sein kann.
Michelin stattet heute, da sprechen wir von der Saison 1982, McLaren, Ligier, Renault und Alfa aus, während Goodyear Lotus, Tyrrell, Ferrari, Brabham und Williams ausrüstet. Die restlichen Teams werden von Pirelli und Avon betreut. Für mich ist es wichtig, mit einem Partner zusammenzuarbeiten, der möglichst wenig andere Teams am Hals hat, sodaß man zu einem engen Verhältnis kommt und entsprechend neuen Erfordernissen auch schnell reagieren kann.
Ich bin der Meinung, daß der Gürtelreifen im Rennsport Zukunft hat. Es fehlt noch ein bißchen an Erfahrung – da wirkt sich der enorme Zeitvorsprung von Goodyear aus.
Die Frage, ob der Rennfahrer in der Praxis einen Unterschied zwischen Gürtel- und Diagonalreifen spüren kann, ist mit einem klaren Ja zu beantworten. Auf Grund der durch die Stahldrähte sehr steifen und flachen Lauffläche verträgt der Gürtelreifen eine etwas höhere Kurvengeschwindigkeit, reagiert aber bei Erreichen der Grenze giftig. Der Goodyear mit seiner leicht gewölbten Oberfläche ist im Grenzfall gutmütiger. Auf langsamen Rennstrecken wie zum Beispiel Monte Carlo ergeben sich eindeutige Vorteile für die Gürtelbauweise, also im speziellen Fall für Michelin. Neben der Karkasse mit den unterschiedlichen Winkeln und Materialien ist die

Gummimischung die zweite wesentliche Einflußgröße für die Qualität eines Rennreifens.

Über Profilgestaltung, wenigstens bei Trockenreifen, braucht nicht diskutiert zu werden. Die ganz glatten Walzen, die Slicks, sind das beste, was es gibt, weil einfach am meisten Gummi mit der Fahrbahn Kontakt hat und auch die Wärmeabgabe an die Luft auf Grund der maximal möglichen Oberfläche optimal ist.

Wenn es zu regnen beginnt, ist man damit allerdings, wie Monte Carlo 1982 zeigte, übel dran. Aus den breiten Auflageflächen zwischen Reifen und Fahrbahn kann das Wasser nicht rausgeleitet werden, sodaß der Reifen einfach aufschwimmt. In einem solchen Fall ist man derart hilflos, wie man sich das als normaler Autofahrer gar nicht vorstellen kann. Schuld daran ist nicht nur das Wasser, sondern auch der ganze Dreck aus abgeriebenem Gummi und Öl auf der Ideallinie.

Wegen der großen Gefahr durch plötzlich geänderte Witterungsbedingungen gibt es Richtlinien für den Veranstalter. Bei plötzlich auftretendem heftigem Regen –

Das Millionenspiel: Goodyear beliefert die meisten Rennställe, die Herausforderer des früheren Monopolisten sind Michelin, Pirelli und Avon.

nicht etwa bei Nieseln – muß das Rennen abgebrochen werden. Wurden bis dahin weniger als zwei Runden gefahren, wird das Bisherige vergessen, es gibt nach mindestens 30 Minuten einen neuerlichen Start. Erfolgt der Abbruch nach zwei vollendeten Runden, aber vor 75% der Gesamtdistanz, wird das Rennen in zwei Teilen durchgeführt. Die Zeiten des abgebrochenen und des neuerlichen Laufes werden addiert. Erfolgt der Abbruch nach 75% der Gesamtdistanz, wird das Rennen als beendet angesehen. In jedem Fall gibt es volle Weltmeisterschaftspunkte.

Nur dann, wenn nach einem Abbruch ein neuerlicher Start nicht möglich sein sollte, gibt es im ersten Fall (weniger als zwei Runden) keine Punkte, im zweiten Fall (weniger als 75%) halbe Punkte. Klar, daß all dies nicht nur für Regen, sondern für jeden Fall von höherer Gewalt oder gravierenden Umständen gilt.

Regnet es von Anfang an und erscheinen mehr als 50% der Autos mit Regenreifen an der Startlinie, wird das Rennen zum Regenrennen erklärt, exakt heißt das „Lauf unter Schlechtwetterbedingungen". Dann ist auch bei heftigem Regen kein Abbruch vorgesehen.

In diesem Zusammenhang könnte man noch erwähnen, daß der Veranstalter die Distanz eines Grand-Prix-Rennens zwischen 250 und 320 km wählen darf, allerdings darf in keinem Fall eine echte Rennzeit von zwei Stunden überschritten werden. Bei einem Regenrennen mit entsprechend geringeren Geschwindigkeiten kann es durchaus vorkommen, daß nach zwei Stunden noch nicht die volle vorgesehene Rundenzahl erreicht wurde. In diesem Fall wird der Spitzenfahrer nach jener Runde, die über die Zwei-Stunden-Frist reicht, abgewunken.

Regenreifen sind äußerlich am mehr oder weniger groben Profil erkennbar. Sie kommen nicht etwa fix und fertig aus der Fabrik, sondern das Profil wird in mühsamer Handarbeit mit einem heißen U-Profil-Schneider in den Slick geschnitten.

Die Gummimischung

Als Faustformel mag gelten: Je weicher die Gummimischung, desto schneller die Rundenzeit, desto schneller ist auch der Reifen kaputt. Mischungen für Regenreifen sind nochmal weicher und gut wasserverträglich. Die extrem weiche Mischung funktioniert hier nur, weil das kalte Regenwasser (die Gischt) den Gummi hervorragend kühlt.

Bei Auftrocknen der Bahn werden Regenreifen blitzartig kaputt, sie beginnen zu schmieren. Wenn man nicht ganz sicher ist, ob man schon zur Box soll, um Slicks montieren zu lassen, fährt man auf den noch länger nassen Stellen neben der Ideallinie, um vielleicht noch einige Runden zu schinden. Oft ist die Entscheidung zum Reifenwechsel schwer, weil es neben „Auftrocknen" auch noch die Alternative

„Wiedereinsetzen des Regens" gibt. Aus dem Auto ist eine Wetterdiagnose schwierig, noch dazu, weil das Wetter auch entlang der Strecke unterschiedlich sein kann. Erschwert wird die Situation auch noch dadurch, daß man meist nicht weiß, was die Konkurrenten tun oder schon getan haben, weil man sich aus den Augen verloren hat. Ein Reifenwechsel mit allem Drum und Dran (nicht nur Standzeit an der Box, sondern auch gebremste An- und Abfahrt) kostet bei den heutigen, meist kurzen Rennstrecken etwa eine halbe Runde. Sogenannte Mischreifen (Intermediates), ein Mittelding zwischen Regenreifen und Trockenreifen, gibt es heute nicht mehr.

Der Vorgang des Abrollens eines Reifens auf der Straße, also das, was an der Berührungsfläche tatsächlich passiert, ist außergewöhnlich kompliziert. Die Fähigkeit einer Gummimischung, mehr oder weniger Kraft auf die Straße zu übertragen, läßt sich zwar durch den sogenannten Reibungskoeffizienten μ messen und auch ausdrücken, aber wie es dazu kommt und von wieviel Einzelfaktoren es abhängt, ist sehr komplex.

Moderne Rennreifen haben heute μ-Werte von ca. 1,6. Das heißt, sie können die 1,6fache Kraft auf den Boden übertragen, mit der sie gegen den Boden gedrückt werden. Wäre die Vertikalkraft (Radaufstandskraft) gleich der übertragenden Kraft, wäre $\mu=1$, das ist etwa der Wert von optimalen PKW-Reifen.

Da also bei Rennreifen Werte auftreten, die sehr deutlich über $\mu=1$ liegen, muß es hier zu einem Verzahnungs- bzw. Klebeeffekt zwischen Reifen und Fahrbahn kommen. Dieser Effekt funktioniert nur bei einer ganz bestimmten Temperatur optimal. Ist der Reifen zu kalt, ist er noch nicht weich und klebrig genug; ist er zu heiß, beginnt er zu schmieren. Auf diesen Vorgang hat die Reifenmischung einen ganz entscheidenden Einfluß. Da die einzelnen Reifen eines Autos sehr unterschiedlich beansprucht werden, verwendet man nicht nur verschiedene Dimensionen (vorn klein, hinten groß), sondern auch verschiedene Mischungen. Ein Kurs, der hauptsächlich aus Rechtskurven besteht, wird einen harten linken Vorderreifen, einen ziemlich weichen rechten Vorderreifen und möglicherweise zwei mittlere Hinterreifen verlangen. Jedenfalls ist es nicht ungewöhnlich, an einem Fahrzeug drei unterschiedliche Mischungen zu verwenden.

Ideal ist die Sache dann, wenn bei voller Fahrt alle Reifen gerade ihre optimale Betriebstemperatur aufweisen. Mit der Fahrweise kann man auf die Reifentemperaturen Einfluß nehmen, das ist aber in jedem Fall mit Zeitverlust verbunden. Aber es ist besser, etwas langsamer werden, damit sich die Reifen erholen können, als mit unbrauchbar gewordenen Reifen an die Box zu müssen. Nur ganz selten gelingt einem Fahrer, was Alain Prost 1982 in Kyalami zuwege brachte: Er fuhr zum Reifenwechsel an die Box und gewann das Rennen trotzdem.

Die Wahl der richtigen Reifen fürs Rennen ist auch deshalb schwierig, weil im

Training oft ganz andere äußere Bedingungen herrschten und man auch meist nicht weiß, wie sich die Rennstrecke über die gesamte Renndistanz durch Gummiabrieb, Sand, Wind etc. verändern wird. Deshalb bleibt es immer ein gewisses Lotteriespiel. Aber es erklärt auch, warum im Rennen manche, die im Training gar nicht so sehr auffielen, plötzlich schnell sind oder auch während des Rennens plötzlich Positionsverschiebungen ohne äußeren sichtbaren Grund stattfinden.
Durch Blicke auf Vorder- und Hinterräder (über Rückspiegel) kann man sich trotz der Rotation über den Zustand der Reifen ein Bild machen. Außerdem spürt man bei Kurvenfahrt ganz genau, ob der Reifen seinen maximalen Grip (Haftfähigkeit) schon erreicht oder vielleicht sogar schon überschritten hat. Spätestens ein Blick auf die Rundenzeit, die ja laufend angezeigt wird, klärt die Sache dann eindeutig. Fährt man trotz Überforderung extrem schnell weiter, geht der Reifen ganz kaputt, indem sich Gummistücke ablösen. Da muß dann unbedingt an die Box gefahren werden.

Warten auf Reifenwechsel: Eine gut eingespielte Mechaniker-Crew braucht dafür nur zehn Sekunden, insgesamt kostet der Umweg über die Boxenstraße aber eine gute halbe Minute.

Es werden dann am besten gleich alle vier Räder gewechselt, weil das bei guten Mechanikern kaum länger dauert als ein einzelner Radwechsel.
Durch die *wing cars* ist gegenüber früher ein neues Reifenproblem aufgetaucht. Der Reifen als Bindeglied zwischen Auto und Straße muß die enorm gestiegenen Querbeschleunigungen übertragen. Die Hinterreifen tun das auf Grund ihrer großen, stabilen Bauweise besser als die Vorderreifen. Bei extrem schneller Kurvenfahrt kann es hier zu seitlichen Sprüngen kommen, die sehr unangenehm sind, weil sie sich nicht ankündigen. Das Auto versetzt urplötzlich um zwei bis drei Meter zum Kurvenaußenrand und fängt sich dann wieder. In diesem Moment sind die Seitenwände der Reifen überfordert, weil sie den riesigen seitlichen Druck nicht mehr übertragen können. Gott sei Dank tritt diese Erscheinung nur im Training, also bei extrem schneller Fahrt, auf. Als Vorsorgemaßnahme haben wir außerdem den Felgen- und Reifendurchmesser vergrößert, um den Rädern mehr Stabilität zu geben.

Die Qualifikation

Daß die Fahrzeuge im Training deutlich schneller sind als im Rennen, hat ein bißchen mit der minimalen Kraftstoffmenge zu tun, mit der das Training bestritten wird, der Hauptanteil kommt aber von den Qualifikationsreifen.
Das sind ganz besonders weiche Mischungen, die nach ein bis zwei Aufwärmrunden genau für ein bis zwei voll gefahrene Runden halten. Danach lösen sie sich auf oder verlieren zumindest ihre optimale Haftfähigkeit. Jeder Fahrer weiß, daß er dadurch seine Rundenzeit um bis zu zwei Sekunden verbessern kann, sofern er diese Runden auch fahrerisch optimal erwischt und nicht aufgehalten wird. Ich nenne das Chaos-Runden, weil sie mit stark überhöhtem Risiko gefahren werden. Wenn mir so eine Runde gelingt, weiß ich, daß es schneller nicht mehr gehen kann, dazu brauche ich gar keine Stoppuhr. Ich fahre nach einer solchen Runde sofort an die Box und erkläre das Training für beendet.
Jedem Fahrer stehen nach Reglement acht Qualifikationsreifen für ein gezeitetes Training zur Verfügung. Damit nicht gemogelt wird, werden sie vor dem Training von den Sportwarten genau markiert. Diese Reifen müssen vor den Boxen bereitliegen. Man läßt sie erst montieren, wenn man das Gefühl hat, daß das Auto an sich optimal schnell ist. Die deutlich schnelleren Rundenzeiten (ein bis zwei Sekunden bedeuten auf den kurzen Rennstrecken schon sehr viel) kommen nicht nur durch die weichere Mischung zustande, sondern auch durch ein Gummibindemittel, das bei der erstmaligen richtigen Erhitzung des Reifens ausgeschwitzt wird und ihn damit besonders haftfähig macht.

Der Modus der heutigen Qualifikation stellt, wie der tödliche Unfall von Villeneuve gezeigt hat, eine außerordentliche Gefahr dar. Die geringste Unachtsamkeit genügt, um folgenschwere Unfälle auszulösen. Eine Reform dieser Bestimmungen täte gut, indem zum Beispiel nur eine kleine Anzahl von Fahrern jeweils auf „Rekordrunde" geht. Das wäre nicht nur ungefährlicher, sondern sicher auch für das Publikum interessanter.

Exklusive Materialien

Aufwendige Werkstoffe in der Formel 1

Motoren aus Aluminium, Gehäuse oder Radträger aus Magnesium, elektrische Flugzeugkabel mit Spezialisolierung, Fahrwerksfedern aus Titan oder Ölschläuche aus Teflon gehören schon so selbstverständlich zum Stand der heutigen Rennwagentechnik, daß wir sie hier gar nicht gesondert behandeln wollen.
Das Material, von dem in letzter Zeit am meisten geredet wurde, ist zweifellos kohlefaserverstärkter Kunststoff. Es wird bei luftführenden Teilen (z. B. Ladedruckrohr beim BMW Turbo) und in zunehmendem Maße beim Monocoque eingesetzt.
Wir machen auch laufend Versuche mit Bremsscheiben aus kohlefaserverstärktem *Kohlen*stoff. Dieses Material gewinnt man aus einem eigenen kohlefaserverstärkten *Kunst*stoff, der einer speziellen Wärmebehandlung unterzogen wird. Auch diese Entwicklung kommt aus dem Flugzeugbau, wo die Concorde schon seit längerer Zeit mit solchen Bremsscheiben ausgerüstet wird. Neben extrem niedrigem Gewicht (Bremsscheiben sind ja ungefederte Massen) zeichnen sich die Bremsscheiben durch extrem hohe thermische Belastbarkeit (über 2000°C) aus. Deshalb brauchen sie nicht einmal innen belüftet zu sein. Die Bremsbeläge bestehen aus etwa dem gleichen Material. Die benötigte Bremskraft ist dann bedeutend geringer als bei herkömmlichem Material. Die Verzögerung ist im ersten Moment schlechter als gewohnt, aber wenn sich Temperatur aufgebaut hat, ungeheuer überzeugend. Vorderhand wird die Bremse nur im Training oder bei Testfahrten erprobt. Problempunkt ist zunächst die Befestigung der Bremsscheibe auf dem Alu-Mitnehmertopf. Die Verbindung dieser beiden Teile (über Bolzen) war zumindest beim Niederschreiben dieser Zeilen noch nicht so klar und sicher, daß wir uns trauten, die Bremse auch im Rennen einzusetzen.
Zweiter Problempunkt: Wenn die Befestigung einmal steht, könnte die ungeheure Wärmeabstrahlung (bei extremer Beanspruchung über 2000°C) in der engen Felgenschüssel negative Auswirkungen auf die Bremsflüssigkeit haben. Land ist aber in Sicht.
Wichtigstes Einsatzgebiet für kohlefaserverstärkten Kunststoff im Rennwagenbau ist heute das Monocoque. Im Kapitel „Chassis und Sicherheit" wurde schon viel über die Anforderungen an den heutigen Fahrzeugkörper gesagt. Wichtigster

agv
SaMar
formsport
Marlboro
WORLD CHAMPIONSHIP TEAM
MiSURA

Derek Daly

Bruno Giacomelli ▶

◀ *Andrea de Cesaris*

Eddie Cheever

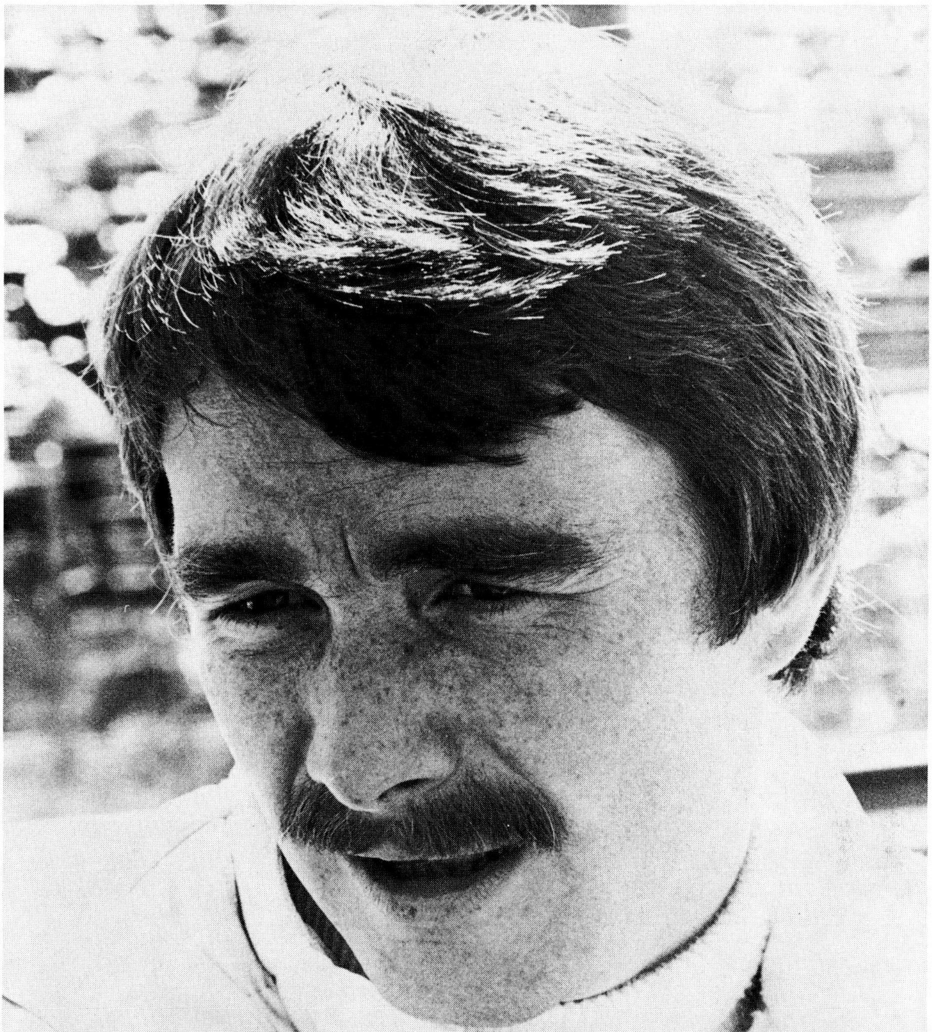

◀ *Jacques Laffite*

Nigel Mansell

parmal
Piquet
GOOD YEAR

◄ *Nelson Piquet*

Riccardo Patrese

Alain Prost

Didier Pironi ▶

HARIBO
FACOM

Kejo Rosberg *Marc Surer* ▶

BIRELL
Quaker
BULE
SWISS WATC

Patrick Tambay

Gilles Villeneuve, tödlich verunglückt am 8. Mai 1982 in Zolder ▶

Labatt
Gilles Villeneuve
CHRONOGRAPH
HEUER

Derek Warwick

John Watson

Manfred Winkelhock

Das Rennen

Der psychische Druck des Renntags wird gemildert durch ein volles Programm, das wenig Zeit zum Denken läßt. Man muß noch vor dem großen Verkehrschaos an der Rennstrecke sein und macht sich fertig für das *warm up*-Training. Das ganze Aufwärmen dauert nur 30 Minuten, und die längste Zeit davon ist die Piste noch dreckig, das heißt, die Ideallinie ist noch nicht sauber abgeschmirgelt von unseren Reifen. Man darf also keine voreiligen Schlüsse über das Handling des Autos ziehen. Meistens will man noch einiges am Auto einstellen und wird ganz hektisch wegen der knappen Zeit. Innerhalb dieser kurzen Zeit wird auch die endgültige Reifenwahl getroffen, man weiß ja jetzt Bescheid über Wetterlage und Lufttemperatur.

Dann will ich natürlich schauen, wie schnell ich wirklich bin. In dieser Beziehung

ist das Aufwärmtraining ehrlicher als die Zeittrainings der vorangegangenen Tage. Erstens haben praktisch alle Autos volle Tanks und die „richtigen" Reifen aufgezogen, zweitens fahren die Turbos mit normalem Ladedruck, also nicht mehr mit dem erhöhten *boost,* wie man ihn kurzzeitig für die Chaosrunden des Zeittrainings verwendet. Also sehe ich zum ersten Mal während des Wochenendes, wie gut oder schlecht die Chancen meines Fahrzeugs tatsächlich sind. Im Aufwärmtraining hole ich mir das Vertrauen fürs Rennen – oder aber das ärgerliche Gefühl, daß mein Auto nicht zu den Stars des Tages gehören wird.
Beim Aufwärmen gibt es immer wieder Überraschungen. Du ziehst neue Reifen auf, identisch den bisherigen, und hast plötzlich dieses jämmerliche Pumpen („porpois-

ing"), das wir schon beschrieben haben – es bildet sich ein Luftpolster unter dem Auto, das wie ein Geißbock dahinspringt.

In Zandvoort, 1982, hat mir John Barnard das Auto in der Früh um einen Millimeter niedriger gestellt. Ich merke sofort, daß was nicht stimmt und flehe ihn an, das Auto wieder höher zu setzen. Wenn er in diesem Moment einen Fehler macht und zu weit geht, ist das ganze Rennen für mich beim Teufel. Barnard hat aber haargenau diesen einen Millimeter erwischt, und während des ganzen Rennens ist mein Auto (bis auf die Reifen) perfekt gelegen, und John Watson hat sich mit einem rauf und runter pumpenden Auto abgerackert.

Dann ist noch drei Stunden Zeit bis zum Rennen. Wenn es sein muß, kann inzwischen ein ganzer Motor gewechselt werden, das kommt aber immer seltener vor. In dieser Zeit liege ich im ziemlich gut abgeschirmten Wohnwagen des Teams.

Eine halbe Stunde vor dem Start bringen wir die Autos zur Startaufstellung. Das bedeutet eine Runde Fahrt mit kalten Reifen, da kann man nur schauen, ob mechanisch alles okay ist. Dann stehen die Wagen dort, wo sie hingehören, und wir steigen inzwischen aus. Fünf, sechs Minuten vor dem Losschicken mache ich mich sorgfältig fertig. Kleinigkeiten, die sonst keine Rolle spielen, kriegen plötzlich Gewicht: Das saubere Anliegen der Gesichtsmaske (ohne ein verirrtes Haar, das später zu kitzeln beginnen würde), das perfekte Sitzen der Ohrstöpseln.

Eine Minute vor dem Fallen der grünen Fahne bekommen wir die Aufforderung zum Anstarten der Motoren. Ich lasse mir noch Zeit, sonst muß der Motor so lang am Stand laufen, und alles wird unnötig heiß. Sobald ich vom Geräusch her glaube, daß rund zwei Drittel der Motoren laufen, lasse ich meinen Motor starten – bei einem Cosworth kann man sich das ruhig leisten, er springt immer gleich an, was bei den Turbos nicht ganz so sicher ist.

Mit der grünen Flagge werden wir zur Aufwärmrunde losgelassen. Ich versuche, auf einer möglichst sauberen Spur zu fahren, um die Reifen nicht dreckig zu machen, andererseits will man sie natürlich durch Schlangenfahren aufheizen. Vor Kurven wird man versuchen, sich zurückfallen zu lassen, um dann möglichst schnell durchzufahren, aber das funktioniert meistens nicht, weil man ja nicht die Hinterherfahrenden aufhalten kann. Dann ärgere ich mich zumeist über die zwei Kerle, die in der ersten Reihe zu früh mit dem Langsamfahren anfangen, damit das Feld aufschließt. Alle zuckeln langsam zum Start, erster Gang, und alle Aggregate werden schrecklich heiß. Ideal wäre, wenn das ganze Feld zügig die Aufwärmrunde zu Ende führe, aber der Ziehharmonika-Effekt wird sich wohl nie ganz vermeiden lassen.

Der Start

Man sucht seinen Platz, der aus der Cockpit-Perspektive oft gar nicht so eindeutig zu erkennen ist, wie man von außen glauben sollte. Jetzt beginnt das endlose Warten auf das rote Licht, und die Wassertemperatur geht inzwischen auf 120 °C. Der Motor muß auf Drehzahl gehalten werden (unter 4000 würde er absterben), und ich habe die elektrische Benzinpumpe eingeschaltet. Kein Gang ist drin.

Das rote Licht bedeutet: Das ganze Feld ist zum Stillstand gekommen, innerhalb von zehn Sekunden wird der Start erfolgen.

Gerade die Saison 1982 mit ihren Startunfällen hat gezeigt, wie schwierig es ist, ein Grand-Prix-Feld in der gleichen Sekunde in Marsch zu setzen. Tatsächlich ist der Start noch immer eine unheimlich heikle Prozedur für jeden Fahrer. Ich will versuchen, das zu erklären.

Eine Größe ist gegeben: Die ideale Drehzahl, bei der man die Kupplung schnalzen lassen wird. Sie ergibt sich aus der Übersetzung des ersten Gangs und der Spritmenge, also dem Gewicht. Sie läßt sich errechnen, existiert als Erfahrungswert und ist im Training überprüft worden – anhand eines einzigen Probestarts irgendwo auf einer ruhigen, übersichtlichen Stelle der Bahn. Mehr als ein Probestart ist nicht drin, weil die Kupplung insgesamt nur zwei Starts aushält – einen im Training und einen im Rennen. Gibt es wegen Abbruchs einen weiteren Start, wird die Sache schon heikel. Bei einem sehr kurzen ersten Gang (also auf einer langsamen Strecke à la Monaco) ist die Start-Drehzahl 9500 Umdrehungen, bei langem ersten Gang geht sie bis 11.000 Touren, also knapp in die Nähe der Höchstdrehzahl von 11.200.

Sobald das rote Licht kommt, wird der erste Gang eingelegt, besser gesagt: Er wird reingedrückt, hineingeraspelt, hineingefetzt, und es grammelt fürchterlich im Getriebe: kkkkkkkrrrrrrrkkk. Der Grund: Die Kupplung ist sehr hart eingestellt und hat ganz kurze Wege, um ein Rutschen zu vermeiden. Wenn das Auto heiß wird – und am Start wird es *sehr heiß* –, trennt sie nicht hundertprozentig, daher der Gewaltakt beim Einlegen der Ersten.

Die heiße Kupplung ist der Ausgangspunkt der meisten Startfehler. Durch das nicht völlige Ausrücken kann der Wagen zu kriechen beginnen. Wer das nicht gleich unter Kontrolle bringt, produziert einen Frühstart, für den es eine empfindliche Pönalisation gibt. Man kann Gas reduzieren (Gefahr des Absterbens) oder mit den Zehen die Bremse halten und gleichzeitig mit der Ferse das Gaspedal melken. Diese Fußstellung, die bei Rallyes und in Sportwagen zum täglichen Brot gehört, ist in der Pedalerie eines Formel-1-Wagens nicht vorgesehen und dementsprechend schwierig zu bewerkstelligen.

Daher ist es wichtig, daß nach Einlegen des ersten Gangs (= sofort nach dem roten

1982 häuften sich die Startkollisionen. Eine der harmloseren war das Zusammenkrachen der beiden Alfas von Bruno Giacomelli und Andrea de Cesaris auf dem Österreich-Ring

Startkollision in Brands Hatch 1982: Patrese war der erste Gang rausgesprungen, und Arnoux krachte in den Brabham hinein. Verletzt wurde niemand. Vorne sind Derek Daly (Williams) und Alain Prost (Renault).

Licht) unverzüglich gestartet wird, im allerlängsten Fall nach zehn Sekunden – sonst gibt es durchgebrannte Kupplungen oder zumindest abgestorbene Motoren.
Also: Erster Gang, vorzeitiges Rollen verhindern und auf Startdrehzahl kommen, sagen wir 10.000 U/min. Mit Gehör läuft da gar nichts, das geht nur über den Drehzahlmesser und ist bei der Feinnervigkeit dieser Motoren ziemlich delikat. Nach etwa drei Sekunden sollte man die gewünschte Drehzahl stabilisiert haben und den Drehzahlmesser nur noch aus dem Augenwinkel unter Kontrolle behalten.
Sobald die Ampel auf Grün springt, läßt man die Kupplung schnalzen. Sie bei 10.000 Umdrehungen rutschen zu lassen, würde ihr sofortiges Verglühen bedeuten. Man weiß, daß 15% Schlupf für einen idealen Start richtig sind. Habe ich zuviel Drehzahl und damit zuviel Schlupf, muß ich Gas wegnehmen, die Räder praktisch einfangen und wieder aufs Gas springen. Wenn ich zuviel vom Gas gehe, dann drehen die Räder zuwenig durch, und der Motor hat zuwenig Drehmoment, um den Wagen zügig wegzuziehen. Dieses tok-tok-tok-toook, das man in einem solchen Fall hört, hat also nichts mit der Kupplung zu tun.
Erst jetzt, wenn er das rein Mechanische des Anfahrens im Griff hat, kann sich der Fahrer um die anderen Autos kümmern. Normalerweise ist ein Grand-Prix-Start etwas durchaus Harmonisches, weil alle das gleiche tun und eigentlich im gleichen

Bewegungsablauf wegkommen sollten.
Ich schaue nach vor, aus den Augenwinkeln auch kurz seitlich, schalte in den zweiten Gang und bin auf irgendwas Dramatisches gefaßt. Die Harmonie des Starts ist gestört, wenn jemandem aus einer hinteren Reihe ein Superstart gelingt, wenn er sich in einem Kraftakt durchs halbe Feld fädelt, wie das beispielsweise Gilles Villeneuve manchmal getan hat. Viel wilder ist es natürlich, wenn vorn einer nicht vom Start wegkommt – wegen verbrannter Kupplung oder abgestorbenen Motors. Meine Regel für solche Fälle ist: Folge der Bewegung im Feld. Wenn die Schlange einen Links-Schwenk macht, dann schwenke ich mit. Nur nicht versuchen, besonders smart zu sein und rechts vorzufahren!
Sobald es ein Starthindernis gibt, entscheidet nur noch das Gefühl übers Ausweichen. Man kann noch so sorgfältig vorher im Geist alle möglichen Situationen durchgespielt haben, das nützt jetzt alles nichts, man trifft eine intuitive Entscheidung. Der Check im Rückspiegel kann natürlich nur aus dem Augenwinkel erfolgen, man hat keine Chance, „ordentlich" zu schauen. Neben, vor und hinter dir handeln noch ein paar Leute intuitiv, es ergeben sich also blitzartig Situationen, in denen man nur rein gefühlsmäßig handeln kann –, blitzartig und mit enorm erhöhtem Sicherheitsrisiko. Beste Vorkehrung: sich für die erste Reihe zu qualifizieren, aber das ist mit einem Saugmotor immer seltener möglich.

Rennroutine, Positionskämpfe

Durch die Flügelautos ist das Tempo natürlich wesentlich schneller geworden. In den Rundenzeiten hat es in den letzten Jahren einige spektakuläre Sprünge gegeben, was sich statistisch aber kaum auswerten läßt, da in der gleichen Zeit auf fast allen Rennstrecken zusätzliche Schikanen eingebaut wurden. Zumeist erreicht man heute trotzdem bessere Zeiten als etwa vor fünf Jahren.
Das Leben mit Unterdruck haben wir schon ausführlich erklärt, in der Rennroutine drückt sich die *wing car*-Ära noch in zwei Details aus: Wir vermeiden das Überfahren der Pistenbegrenzung *(curbs)*, weil die Schürzen das nicht mögen, und wir müssen in der Kurve achtgeben, nicht am Heck des Vordermanns zu kleben, weil uns dann die anströmende Luft unter dem Auto wegbleibt, was zu argem Nachlassen des Anpreßdrucks führen würde.
Für Positionskämpfe unter halbwegs gleichwertigen Autos gilt wie eh und je: warten, bis der Vordermann einen Fehler macht. Durch unterschiedliche Charakteristika der Autos kann es zu ungewöhnlichen Situationen kommen, etwa wenn ein Auto mit hoher Leistung und hoher Spitze (zumeist ein Turbo) auf ein Auto mit höheren Kurvengeschwindigkeiten trifft. Ich fuhr einmal mit dem gut liegenden

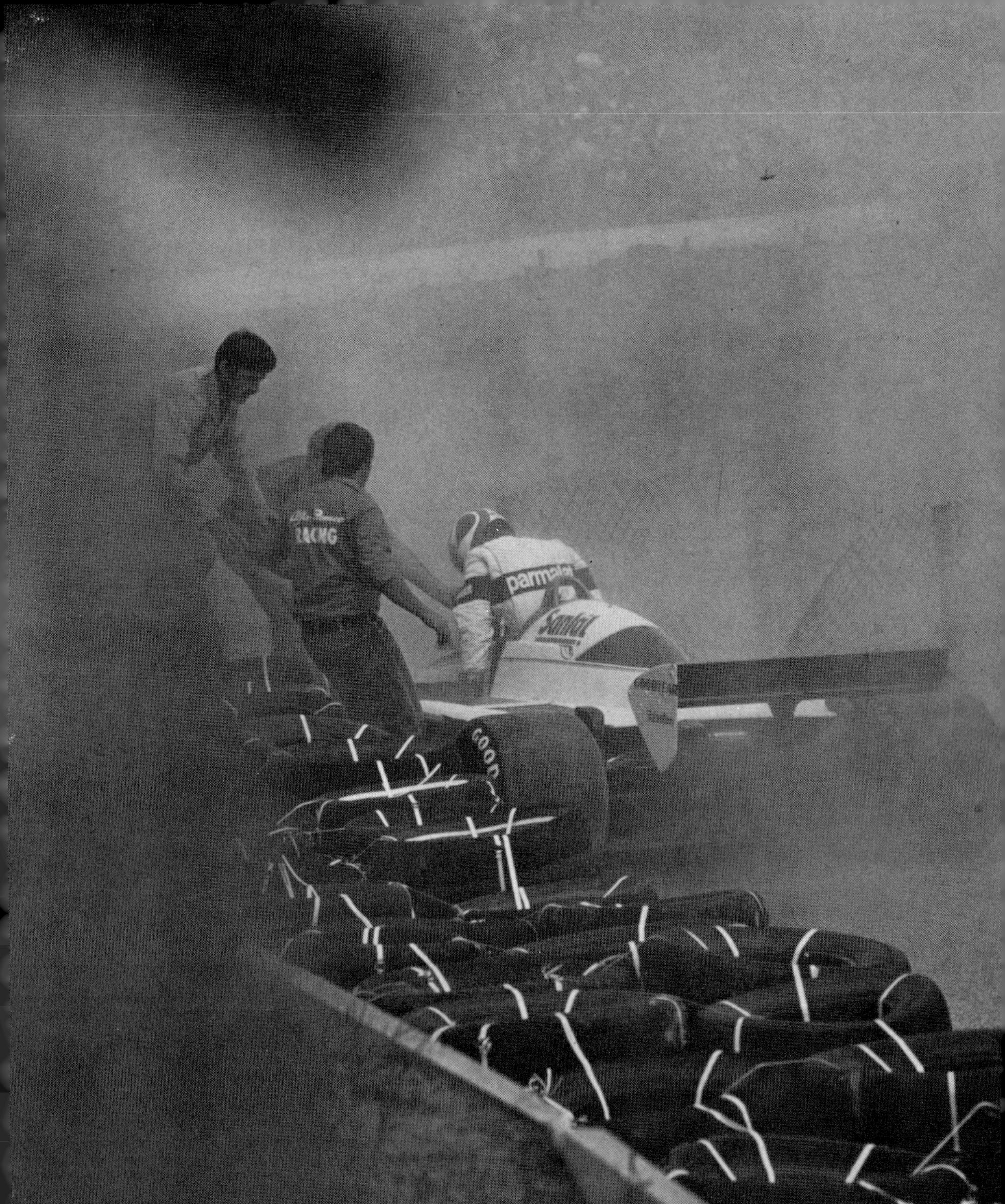

Nelson Piquet, Brabham-BMW, Kyalami 1982

Oben: Zwischen Ste. Dévote und dem Casino in Monte Carlo, vorn ist René Arnoux (Renault)

Zwischen Bahnhofskurve und Kai in Monte Carlo, Winkelhock (ATS) vor Laffite (Talbot)

Oben: In Monaco sind nur ganz wenige Stellen zum Überholen geeignet – und die Mirabeau-Abfahrt gehört sicher nicht dazu. 1979 versuchte mich Pironi (Tyrrell) dort zu überholen und eliminierte uns beide mit diesem Manöver. Ich fuhr damals den Brabham-Alfa

Die berühmte Tarzan-Kurve von Zandvoort: Tambay (Ferrari) vor Lauda (McLaren)

McLaren hinter dem Ferrari von Tambay her. Auf der Geraden zog mir der Turbo spielend davon, in den Kurven hockte ich immer in seinem Heck drin. Tambay hat zwar ein paar kleine Fehler gemacht, aber die genügten nicht, ich mußte dreißig Runden warten, bis er beim Einfahren in eine lange Gerade einen echten Schnitzer gemacht hat, dadurch verhaute er sich die *top speed,* und ich konnte ihn endlich ausbremsen.

Eines der aufregendsten Rennen der Saison 1982, was Positionskämpfe betraf, war Detroit. Das Rennen hatte wegen eines Unfalls unterbrochen werden müssen und war neu gestartet worden, die Zeitabstände des ersten Laufs würden für das Endergebnis berücksichtigt werden.

Ich fuhr als sechster und überholte Giacomelli mit letzter Kraft. Dabei mußte ich so wild bremsen, daß die Vorderräder blockierten und daraufhin die berühmten „Bremsplatten" hatten, sie waren also nicht mehr hundertprozentig rund und eierten spürbar. Das war zwar unangenehm, wirkte sich aber auf das Auto noch nicht aus. Ich schloß zu Pironi und Cheever auf, weiter vorn waren noch Prost (der dann ausschied) und Rosberg. Wie würde ich an Pironi und Cheever vorbeikommen – sowohl der Turbo-Ferrari als auch der Alfa-Zwölfzylinder hatten mehr Leistung, und ich kam nie derart zum Bremspunkt, daß ich mit vernünftigem Risiko hätte überholen können . . . außerdem war ich nach dem Kraftakt beim Giacomelli-Überholen ein bisserl vorsichtig gestimmt. Ich fuhr also hinter Cheever und Pironi her und wartete auf bessere Zeiten. Inzwischen bekam ich Signale, daß von hinten John Watson wie wild aufholte. Watson +20, +15, +10 kamen die Boxensignale.

Mir war das ziemlich egal, und als er hinter mir war, ließ ich ihn ganz gern vorbei, so auf die Art: Der soll mir erst einmal zeigen, wie er an den beiden vorbeikommt. Ich würde mir dieses Theater aus erster Reihe Mitte anschauen.

Vielleicht erinnern Sie sich: Watson brauchte keine halbe Runde, um an beiden vorbeizugehen. Ich habe einen Wutanfall gekriegt und gedacht: Das darf doch nicht wahr sein. Watson hatte ein tolles Manöver zweimal erfolgreich probiert. Er hatte sich die relative Breite der Strecke zunutze gemacht und die Leute nicht normal (also ziemlich parallel) ausgebremst, sondern sich von rechts außen nach links innen hingebremst. Die beiden wußten gar nicht, wie ihnen geschah, sie haben normal gebremst und wollten in die Kurve einschlagen, doch da war Watson, der sich mit blockierenden Rädern innen zum Scheitel der Kurve hineinbremste. Das ist gleich zweimal hintereinander gutgegangen, natürlich mit viel Glück, denn der Angegriffene sieht ja nicht, daß sich da von schräg hinten jemand vorbeipressen will.

Jedenfalls war ich wütend, daß mir Watson so locker davongefahren war. Ich zwang mich zu dem gleichen Manöver und hatte ebenfalls beide Male Glück. Ich machte

fürchterlich Dampf und lag auch schon bald hinter Keke Rosberg, der inzwischen ebenfalls von Watson vernascht worden war. Prost war inzwischen ausgefallen, Watson erster, Rosberg zweiter, ich dritter. Ich wollte Watson auf keinen Fall vorn wegfahren lassen und war derart darauf fixiert, daß ich überhaupt nicht mehr an das erste Rennen, den Abbruch und das Mitzählen der ersten Ergebnisse dachte. Beim Abbruch war ich zwölf Sekunden vor Watson gewesen, ich hätte jetzt in aller Ruhe hinter ihm herfahren können und würde das Rennen noch gewinnen, falls mich Rosberg nicht zu lang aufhalten würde. Statt in aller Ruhe einen günstigen Moment für einen Rosberg-Angriff abzuwarten, war ich nur hektisch drauf bedacht, Watson nicht zu weit wegzulassen, weil ich die zwölf Sekunden vergessen hatte.
Ich wollte Rosberg am Ende der Geraden ausbremsen, kam aus seinem Windschatten nach links heraus, war schneller als er, er zog immer weiter nach links, links, links, am Bremspunkt noch weiter nach links, bis für mich auf der linken Seite nur noch die Mauer übrigblieb. Dann hat es mich von seinem Hinterrad in die Luft geworfen wie eine Mystère 10, *nose up, 12 Grad.* Da siehst du plötzlich nur Himmel, hast Angst vor dem Krach, gehst in Deckung, dann macht's hoppelpoppel, und du bist wieder unten. Durch die steile Landung ist das Auto nicht mit dem Rad aufgekommen, sondern mit dem Monocoque, und hat das Vorderteil abgeknickt.
Rosberg hat nachher abgestritten, absichtlich „zugemacht" zu haben, aber warum wäre er sonst nach links gezogen, abweichend von der Ideallinie? Trotzdem war ich nicht wütend auf ihn – ich hätte einrechnen müssen, daß er sich so verhält, von ihm kann man so etwas jederzeit erwarten. In erster Linie war alles mein Fehler, ich hätte bloß Ruhe bewahren müssen und hätte das Rennen gewonnen. Typisch Rennpause, dachte ich nachher, da fehlt mir die Rennroutine von zwei Jahren, die ich halt in Flugzeugen verbracht hatte. In der Luft lernst du so was nicht . . .

Was verändert sich im Rennen?

Taktik im Sinn der Neubauer-Ära gibt es längst nicht mehr, grundsätzlich fährt jeder so schnell er kann, außer in den letzten zehn oder zwanzig Runden bei klaren Positionen. Änderungen der Fahrweise ergeben sich daher praktisch nur aus dem Zustand des Materials. Den Motor, zumindest den Cosworth, kann man bei diesen Überlegungen vergessen, sein Leistungssabbau im Lauf eines Rennens ist denkbar gering. Dank des Anpreßdrucks ist auch im Fahrverhalten bei vollem oder fast leerem Tank kein großer Unterschied mehr, man braucht bloß am Anfang stärkere Lenkkräfte als später.
Die wichtigsten Veränderungen im Lauf eines Rennens erleben wir an den Reifen. Es gibt zwei verschiedene Arten, wie Reifen kaputt werden.

Erstens: Sie überhitzen derart, daß sie Blasen bekommen. Dann dauert es nicht mehr lang, bis sie völlig kaputt sind, man muß auf jeden Fall zum Reifenwechsel an die Box. Diese Bläschen sind vom Cockpit aus zu erkennen, bei den Vorderreifen deutlich, an den Hinterreifen etwas schwieriger.
Zweitens: Durch *graining,* was man am besten mit Fusselig-werden oder Wuzeln-machen übersetzen kann, auf jeden Fall tritt der gleiche Effekt auf, wie wenn man mit einem Radiergummi über den Tisch fährt. Es bilden sich Wuzeln (Fusseln) am Reifen, zuerst an der Innenkante, später geht das Zeug über die ganze Breite nach außen. Das hat den Effekt, daß der Reifen am Ende überhaupt keine Haftung mehr hat. Man kann dem entgegenwirken, indem man langsamer fährt: Sobald ein kleiner schwarzer Streifen an der Innenseite zu wuzeln beginnt, läßt man im Tempo nach, dann poliert sich das Zeug von selbst wieder weg. Beim Weiterheizen würde sich der Reifen hingegen bis zur Unfahrbarkeit „zerwuzeln", was ein Wort aus dem urwienerischen Sprachschatz ist, aber ich kann nur hoffen: Sie wissen, was ich meine.
Bei den Michelin-Gürtelreifen lernte ich ein zusätzliches Phänomen kennen: Ein schwarzer Kranz, der sich von innen über die ganze Breite ausweitet, aber doch nicht *graining* ist, sondern bloß *pickup,* also gesammelter Abrieb und Dreck. Natürlich wird der Reifen dann schmieriger, der Wagen heikler, aber diese Schicht ist nicht bösartig, sie führt nicht zur Zerstörung des Reifens. Zu erkennen, wann ich *graining* habe und wann ich bloß den Abrieb der anderen Reifen zusammensammle, ist für mich noch sehr schwer. Man braucht mit jedem Reifenfabrikat viel

Beginnendes „graining": Wuzeln an der Innenkante, was beim Fahrer den Alarm für schonende Fahrweise auslöst

Erfahrung, um wirklich durchzublicken. Die Umstellung von Goodyear auf Michelin war für mich jedenfalls eine tiefgreifende Sache.
Der zweite Teil des Fahrzeugs, der sich im Lauf eines Rennens gravierend verändern kann, ist die Seitenabdichtung des Unterdruckraums. Wenn sich die *skirts* abnützen und sich damit die Balance des Wagens verstellt, kann Untersteuern oder Übersteuern auftreten, oder die Abdichtung ist schon so mangelhaft, daß der Sog merkbar geringer wird, der Wagen in Kurven also zu rutschen beginnt und nur geringere Kurvengeschwindigkeiten zuläßt. Dagegen läßt sich gar nichts machen, man kann höchstens Unter- oder Übersteuern durch Verstellen der Stabilisatoren zu mildern versuchen.

Inzwischen an der Box

Die Boxencrew hat praktisch nur noch den Job, für einen Reifenwechsel gerüstet zu sein und Signale über die jeweilige Position des Fahrers zu geben. Von taktischer Betreuung oder so ist längst nicht mehr die Rede, dazu müßten wir wohl auch Funkverbindung haben wie in Indy. Aber was sollte man einem Fahrer da draußen schon sagen? Ein Grand Prix ist viel zu kurz für irgendwelche Finessen. Bei einem Boxenstop kann ich über die im Sturzhelm eingebaute Anlage, an die rasch ein Kabel angesteckt wird, mit dem Teamchef reden, das ist eigentlich das Maximum an Kommunikation, das heute zwischen Pilot und Bodenstation vorgesehen ist.

Eine moderne, großzügige Anlage: Boxenstraße der Paul-Ricard-Rennstrecke bei Le Castellet im Hinterland der Côte d'Azur. Im Vordergrund sind die Wagen des Arrows-Teams (Marc Surer, Mauro Baldi), dahinter steht der Theodore des Iren Tom Byrne

THEODORE RACING
33
NORDICA
RAGNO
30
NORDICA
RAGNO
29
AGNO

Marlboro
8
Niki Lauda
Marlboro
UNIPART
8
UNIPART
UNIPART
Marlboro
Marlboro
Marlboro

agip
GOODYEAR
Candy
HARIBO
LONGINES
Agip
28
MAGNETI MARELLI
olivetti
GOODYEAR
GOODYEAR

Im Uhrzeigersinn:
Lauda, McLaren
Boxenstraße in Detroit
Tambay, Ferrari
Pironi, Ferrari

Oben: Oberster Chef der großen Renault-Sportabteilung ist der frühere Rallyestar Gérard Larrousse, hier flankiert von René Arnoux (links) und Alain Prost

Rechts: Technischer Chefideologe bei Brabham: Gordon Murray

*Oben:
Technik-Genie
Mauro Forghieri
ist schon zwei
Jahrzehnte bei
Ferrari*

*Nach erfolglosen
Jahren plötzlich
zur Spitze
der Konstrukteure
und Teamchefs
durchgebrochen:
Frank Williams*

Oben: Mit den beiden für mich wichtigsten McLaren-Technikern: John Barnard (Mitte) und Tyler Alexander.

BMW-Gespann: Motorenkonstrukteur Paul Rosche (links), Rennleiter Dieter Stappert

Oberes Bild: Lotus-Chef Colin Chapman, technischer Pionier zweier Grand-Prix-Generationen

Darunter: Ken Tyrrell

Wortführer des Grand-Prix-Zirkus: Brabham-Chef Bernie Ecclestone

Die Rennstrecken

Die wichtigsten Grand-Prix-Kurse und wie man sie fährt

Brands Hatch

Eine prachtvolle Rennstrecke, fahrerisch sehr anspruchsvoll und von einer Harmonie, die ein gutes Einstellen des Autos erlaubt – hier kann man bei Tests richtig tüfteln und sich in Feinarbeit einem Optimum nähern. Eine Spezialität ist, daß die meisten Kurven „hängen", aber die Flügelautos werden auf unglaubliche Manier damit fertig und ermöglichen jetzt Rundenzeiten, die vor ein paar Jahren weit jenseits jeder Diskussion waren.
Voller Hammer bei Start und Ziel, kurzes Bremsen vor Paddock Bend, vierter Gang, Einlenken und Vollgas. Vor den Boxen fünfter Gang, dann vierter voll in die Senke, in der die volle *load* des Anpreßdrucks das Auto zusammendrückt und aufschlagen läßt. Hinauf zu Druids Bend, die im zweiten Gang gefahren wird, dritter, vierter, die Linkskurve hinter der Box hat einen neuen Belag und ist sehr

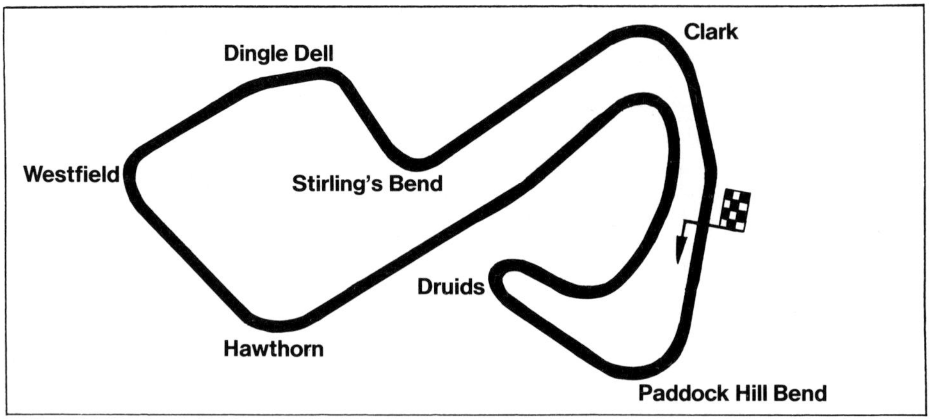

Brands Hatch (England), 32 km südlich von London. Länge 4,20 km. Minimale Streckenbreite 9 m. 1982 gültiger Rundenrekord: 1.12,37 (209,24 km/h) Pironi 1980.

rutschig, dann kommt man auf alten Belag und fängt sich so abrupt, daß sich das Auto mit Übersteuern aufschaukelt. Dann kommt die wichtigste Kurve, eine Linke, die sich in die lange Gerade öffnet. Ans Ende der Geraden kommt man im fünften Gang, drischt den vierten rein und fährt damit voll um die Rechtskurve (Hawthorn Bend), unglaublich, was diese Autos vertragen. Kurze Gerade bis in die fünfte, die folgende Rechtskurve verträgt je nach Auto und Herz den dritten oder vierten Gang. Wichtig ist auch wieder, die Ausfahrt aus Clearways gut zu erwischen, um für die Zielgerade die *top speed* aufzubauen.

Detroit

Hat alle Nachteile eines Stadtkurses, noch dazu einer amerikanischen Stadt, kann sich nur danach richten, wie ein Highway den anderen kreuzt. Dementsprechend besteht die ganze Strecke aus faden Ecken, zumeist im rechten Winkel. Keine Kurve ist lang genug, um fahrerisch anspruchsvoll zu sein. Die einzige Beanspruchung für Fahrer und Material liegt in den Fahrbahnunebenheiten, wie eben die Straßenbeläge der verschiedenen Straßen zusammenkommen, und in den Kanaldekkeln, aus denen es kräftig herausdampft. Da kann man leicht die *skirts* ruinieren, und die Autos machen jedesmal einen kräftigen Hupfer.

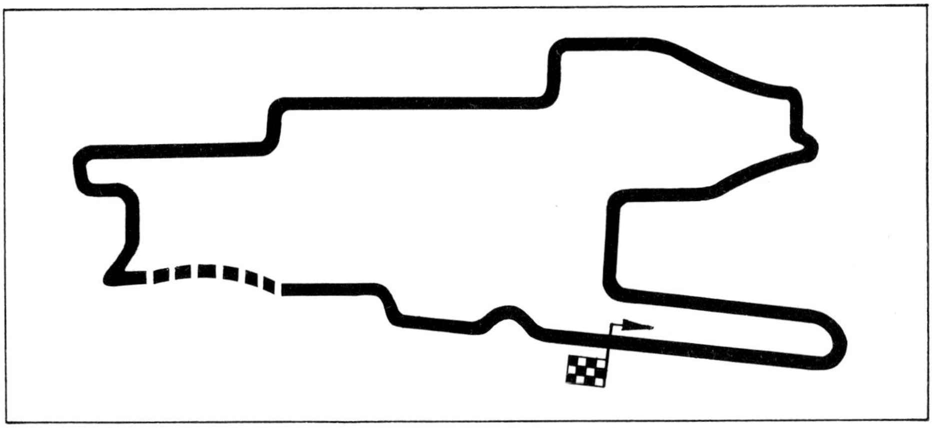

Detroit (USA). Länge 4,17 km. Minimale Streckenbreite 11 m. 1982 gültiger Rundenrekord: 1.50,44 (130,80 km/h) Prost 1982.

Dijon

Zwar nicht die kürzeste Rennstrecke (Long Beach und Monaco sind noch kürzer), aber nirgendwo gibt es so kurze Rundenzeiten. Dijon ist ein sehr anstrengender Kurs, weil der Belag im Lauf der Jahre sehr uneben geworden ist. Die fahrerisch anspruchsvollsten Stellen sind die beiden letzten Rechtskurven vor der langen Geraden. Die vorletzte hängt und verlangt viel Überwindung für den vierten Gang, es folgen ein kleiner Hügel und die letzte Rechtskurve, die absolut voll gefahren wird, was ungefähr Tempo 260 bedeutet. Es ist eine der schlimmsten „Fliehkraft-Kurven" der europäischen Rennstrecken.

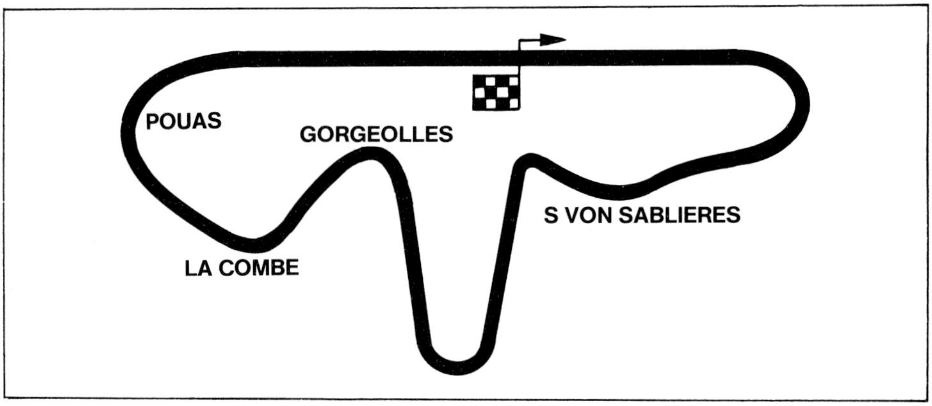

Dijon (Frankreich), 200 km westlich von Basel. Länge 3,80 km. Minimale Streckenbreite 10 m. 1982 gültiger Rundenrekord: 1.07,48 (202,74 km/h) Prost 1982.

Hockenheim

Hockenheim hat jetzt drei Schikanen, davon eine schnelle (zwischen Ostkurve und Motodrom) und zwei langsame (eine auf der ersten Geraden und eine innerhalb der Ostkurve). Schikane 1 wurde durch eine nachträgliche Verengung extrem langsam, das ergibt jetzt einen Rechtshaken, in dem man unter Umständen bis in den ersten Gang runterkommt. Danach voller Hammer Richtung Ostkurve, dort ist die neueste Schikane, wieder zweiter Gang, Rückführung in die Ostkurve. Es folgt die lange Gerade mit der schnellen Schikane, die mit den Flügelautos heikel geworden ist; der Rechts-Links-Haken im dritten Gang kann die Schürzen und damit die Aerodynamik stören. Dafür ist das Motodrom jetzt einfacher geworden. Man kommt im fünften Gang angeschossen, Bremsen, vierter, Einlenken, mit Vollgas wie auf Schienen durch, in der Sachs-Kurve auf den zweiten Gang runter, der Schlängler geht jetzt voll bis zum Rechtsknick, kurzes Bremsen, und im dritten Gang geht es raus in die Zielgerade. Für Saugmotoren ist Hockenheim ein langweiliger Kurs, man fühlt sich auf den langen Geraden wie in der Kurzparkzone, wenn einem die Turbos um die Ohren fahren. Das brutale Zusammenbremsen der Wagen vor den beiden langsamen Schikanen ist das markanteste Manöver auf dieser Strecke.

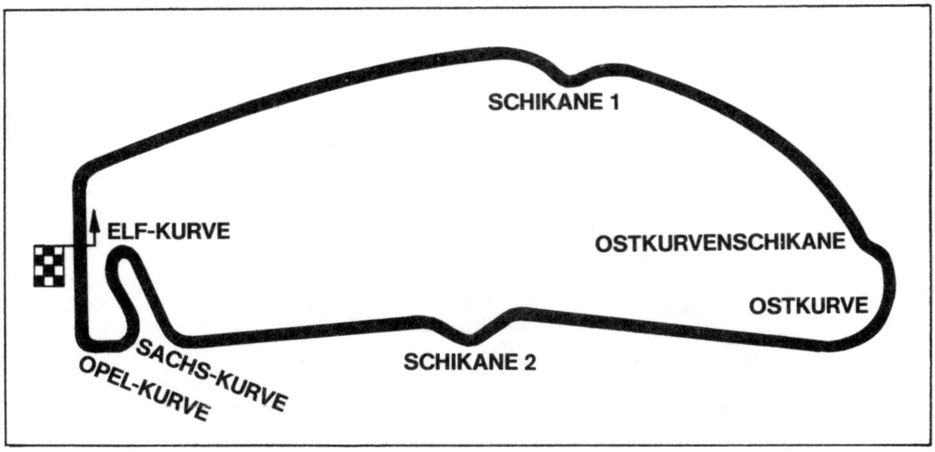

Hockenheim (Deutschland), 85 km südlich von Frankfurt. Länge 6,79 km. Minimale Streckenbreite 8,5 m. 1982 gültiger Rundenrekord: 154,03 (214,58 km/h) Piquet 1982.

Imola

Eine schrecklich unebene Strecke, auf der wir richtig durchgeknüppelt werden. Die schnelle lange Linkskurve nach den Boxen geht voll, Spitzkehre bergauf, schnelle Linke, die fast voll geht im vierten Gang, bergab, dann bremst man sich in eine S-Kombination hinein, die mit dem zweiten Gang zu fahren ist, wobei „fahren" eine Übertreibung ist: Man hüpft auf dieser Holperpiste, springt von einem Randstein zum andern. Dann wird wieder voll beschleunigt hinauf in zwei Rechtskurven, die dann voll gehen, kleine Schikane, dann steil hinunter in zwei Linkskurven, die so uneben sind, daß man überhaupt nicht einmal schauen kann, so verrückt hüpft das Auto, schnelles S, eine Schikane, und wir sind wieder bei der Box.

Im Kapitel Aerodynamik haben wir schon erwähnt, daß die Abstimmung eines *wing cars* in Imola besonders schwierig ist. Es werden so völlig verschiedene Dinge verlangt. Ein Auto, das in der extrem schnellen Linken nach den Boxen gut sein will, braucht sehr hohen Anpreßdruck, muß also tief liegen – und damit ist es wieder für die holprigen Stellen schlecht gerüstet. Dazu kommt, daß man mit einem höhergestellten Auto vorn mehr Saugwirkung verliert als hinten, daher fängt

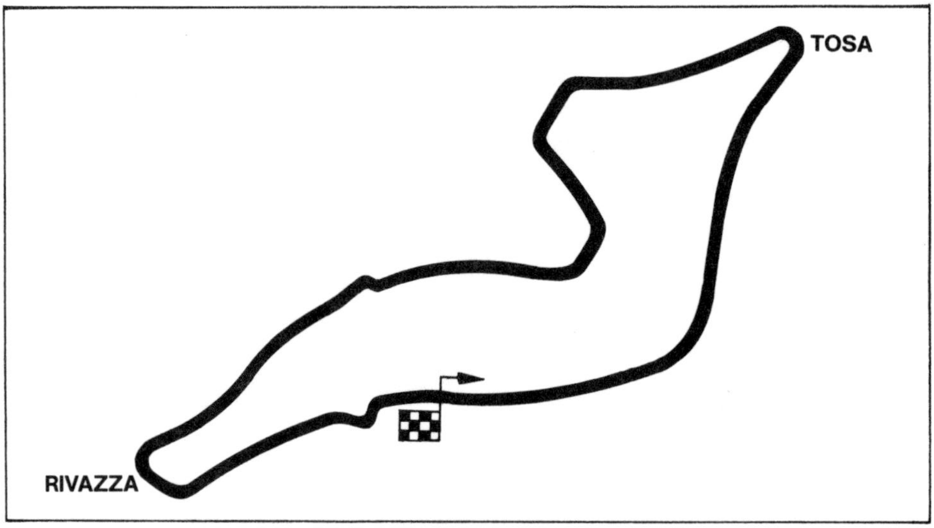

Imola (Italien), 30 km östlich von Bologna. Länge 5,04 km. Minimale Streckenbreite 9 m. 1982 gültiger Rundenrekord: 1.35,04 (190,92 km/h) Pironi 1982.

der Wagen zu untersteuern an. Man wird also versuchen, dies über den hinteren Flügel auszugleichen, indem man ihn möglichst flach stellt. Hinten immer weniger Flügel, vorn immer weiter runter, bis das Auto in Balance ist.
In Imola könnte ich gar keine Kurve besonders hervorheben. Alle sind wichtig, weil sie hinterher Beschleunigungsstrecken haben, manchmal sogar bergauf. Klar, daß man da mit vollem Hammer rauskommen muß.

Kyalami

Kyalami empfinde ich als die einfachste Rennstrecke des Grand-Prix-Zirkus. Es gibt eine irrsinnig lange Gerade, auf der man sich recht gut ausruhen kann, weil man nichts anderes tun muß, als das Lenkrad zu halten und Vollgas zu geben. Man erreicht dort eine Höchstgeschwindigkeit von etwa 310 km/h, je nach Auto, und hat damit keine Probleme. Die folgende Rechtskurve ist relativ langsam, dritter Gang, dann geht es wieder voll hinunter durch die S-Kurven. Nach dem steilen S kommt eine Rechtskurve, die jetzt, mit den *wing cars,* im vierten Gang fast voll geht. Dadurch ist sie die einzige schwierige Kurve von Kyalami geworden, man muß unheimlich genau fahren. Wenn man die Linie am Kurveneingang verpaßt, kommt man in böse Schwierigkeiten. Es folgt eine Haarnadel, voller Hammer heraus, alles voll bis zur Spitzkehre vor der langen Geraden. Keine aufregende Sache.

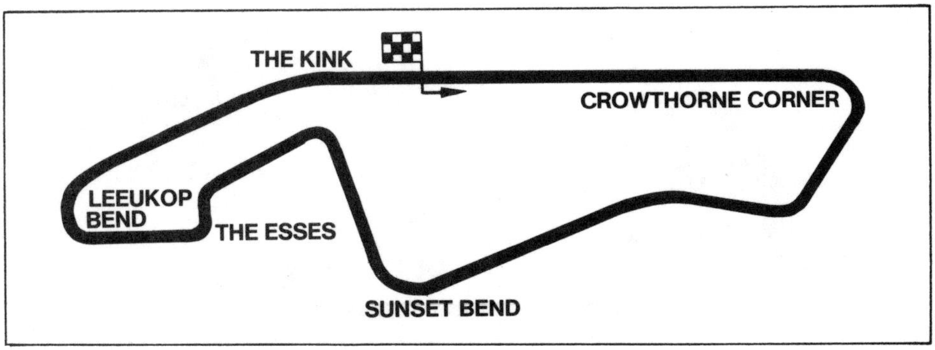

Kyalami (Südafrika), 28 km südlich von Pretoria. Länge 4,10 km. Minimale Streckenbreite 11 m. 1982 gültiger Rundenrekord: 1.08,28 (216,38 km/h) Prost 1982.

Long Beach

Vieles, was über Long Beach zu sagen ist, gilt für alle Stadtkurse, also auch für Monaco. Auf allen „richtigen", also permanenten Rennstrecken machen wir Wochen vor dem Rennen Testfahrten, kommen dann also mit einer Grundeinstellung hin und müssen – hoffentlich – nur noch Feinarbeit leisten. Zu einem Stadtkurs kommst du völlig ahnungslos, kannst nur einen Satz Reifen nach dem anderen montieren und das Auto nach Erfahrungswerten einstellen. Ein bißchen an den Stabilisatoren rumfummeln, harte oder weiche Schürzen, das ist alles. Dann kannst du nur hoffen, daß der Kübel nicht allzu arg über- oder untersteuern wird. Der Rest ist Fahren – wie die Sau. Wenn mich der Designer fragt, wie benimmt sich das Auto, was macht es hier, und was macht es dort, kann ich gar keine Antwort geben, denn das Auto muß mit Gewalt um die Ecken gedroschen werden – sonst bist du nirgendwo in der Startaufstellung. Von „Abstimmung" kann keine Rede sein, dafür ist die Zeit zu kurz und der Verkehr zu stark.
Die Chaos-Runden, also riskanten Zeit-Versuche im Training, kosten ein Übermaß an Überwindung. Zwischen diesen Betonblöcken durchzustechen, oft wirklich nur Zentimeter an Ecken vorbei, dazu noch auf holpriger Fahrbahn, gehört zu den aufregendsten Jobs eines Rennfahrers. Im Vergleich zu einer normalen Rennstrecke ist die Straße so schmal, daß man Beklemmungen kriegen könnte. Auch wenn man solche Gefühle psychisch im Griff hat – es bleibt der Druck von enormer Konzentration. Es gibt schon auf normalen Strecken so wenig Spielraum für Fehler – und hier ist dieser Spielraum noch einmal ganz dramatisch eingeengt.

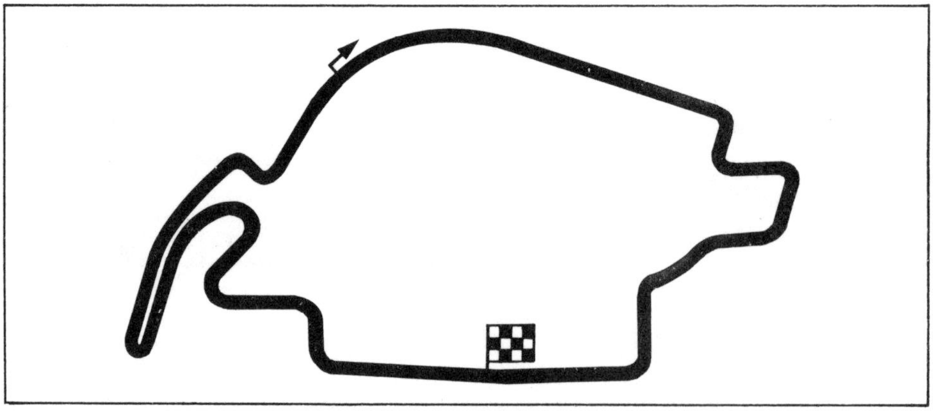

Long Beach (USA), 32 km nördlich von Los Angeles. Länge 3,43 km. Minimale Streckenbreite 9,1 m. 1982 gültiger Rundenrekord: 1.30,83 (135,86 km/h) Lauda 1982.

Monaco

Da der Kurs von Monaco zumindest für die Zuschauer noch immer die attraktivste Rennstrecke der Welt ist und offensichtlich als Mittelpunkt der Grand-Prix-Faszination gilt, möchte ich diese Strecke genauer beschreiben und auch den jeweiligen Blickwinkel des Fahrers erklären.

Am Start kann man womöglich auf dem Zebrastreifen zu stehen kommen, wo es glatter ist. So oder so sind die Chancen gut, sich in der Sekunde nach dem Start inmitten eines riesigen Sauhaufens zu finden, der sich durch Sainte Dévote quetscht, da kann es überall krachen. Wenn aber der Pole-Position-Mann zwei wunderschöne schwarze Gummistriche hingerieben hat, die nach zehn Metern in immer helleres Grau übergehen, dann genügt auf der rechten Spur eine halbe Wagenlänge Vorsprung in Sainte Dévote, man kommt aus der Kurve als klarer Erster raus und macht volles Rohr bergauf. Es sieht aus wie eine simple Bergauf-Gerade, aber mit 270 km/h ist das keine Gerade mehr, da ist ein Knick, und da sind Wellen und Kanaldeckel und die häßliche Bombierung der Straße, die den Wagen runterziehen will in die Leitplanken – man hat alle Hände voll zu tun, um überhaupt oben zu bleiben.

Knapp vor dem Ende der Geraden ist ein Hupfer – davor kannst du nicht bremsen, weil es zu früh wäre, direkt beim Aufkommen kannst du auch nicht, sonst knallt dir die Wagenschnauze auf die Fahrbahn, also bleibt nur eine einzige mögliche Zehntelsekunde zum Bremsen, sonst schaffst du die Linkskurve nicht. Die ist rutschig und wird enger, du mußt aber am Gas bleiben, zwischendurch hebt dir ein Riesenhupfer den Magen aus, dann kommt dir die Leitschiene entgegen, du mußt sie kommen lassen, mußt dich ganz hintreiben lassen, und je näher du bei der Leitschiene vorbeipfeifst, desto schneller und rhythmischer hast du die ganze Casino-Passage geschafft.

Gerade bergab bis zur Superbremsung für die Obere Mirabeau-Kurve, kurz aufs Gas, aber gleich wieder Zusammenbremsen für die Bahnhofs-Haarnadel (dort steht längst kein Bahnhof mehr, sondern das Loews Hotel). Dort kann jeder nur langsam ums Eck fahren, erster Gang, einer brav hinter dem anderen, wie auf Schienen. Wenn anfangs der ganze Pulk noch beisammen ist, müssen sich die hinteren anstellen, ab dem sechsten sind sie in der Kurzparkzone und warten aufs Drankommen.

Ein Gasstoß bis zur Unteren Mirabeau-Kurve, wieder Gas und viel Gefühl und eine schöne weiche Linie, aus der du keine Zehntelsekunde zu spät den Hammer fallen läßt: volle Beschleunigung in den Tunnel rein, dritter, vierter, fünfter Gang. Früher war der Rechtsknick im Tunnel eine sehr heikle Angelegenheit, er ging fast voll, mit Bauchweh –; mit den Flügelautos ist das kein Problem mehr, man sticht absolut voll durch. Die Beleuchtung im Tunnel wird von Jahr zu Jahr verbessert, aber es ist

noch immer zuwenig. Man sieht zwar, wo man hinfährt, aber man würde nicht sehen, daß Öl auf der Fahrbahn ist; und wer könnte sich ausdenken, was da drinnen passierte, wenn einer bei 250 km/h ausrutscht und ihm ein paar andere auf den Fersen sind?
Die kleine Bodenwelle ausgangs des Tunnels wird zur Schanze – Flug und Landung, im selben Augenblick mußt du auf die Bremse springen. Dabei hältst du dich ganz rechts, um die Einfahrt in die Schikane gut zu erwischen, aber beim harten Bremsen auf der bombierten Straße reißt es dich noch einmal nach rechts, da pfeifst du unheimlich knapp an den Leitschienen vorbei. Die Schikane geht im vierten Gang, also sehr schnell, und bei dem Links-Rechts-Haken wird das Auto aerodynamisch unstabil. In Verbindung mit der rein fahrerischen Schwierigkeit des schnellen Einfädelns in diese enge Stelle ist das die schwierigste Situation einer Monaco-Runde. Man muß haargenau fahren, ein Berühren des Randsteins wird in den meisten Fällen das Ende bedeuten.
Beim Ausgang der Schikane ziehst du automatisch den Kopf ein, weil alles so eng und knapp wird, dann holperst du durch die unebene, aber breite Tabac's-Kurve, bleibst im dritten Gang, schlägst zwei Haken an den Ecken des Schwimmbads, machst wieder Dampf, mußt aber schon bald die Rascasse anbremsen, bleibst auch für die Gasometer im zweiten Gang und beschleunigst voll heraus in die Start- und Zielgerade.

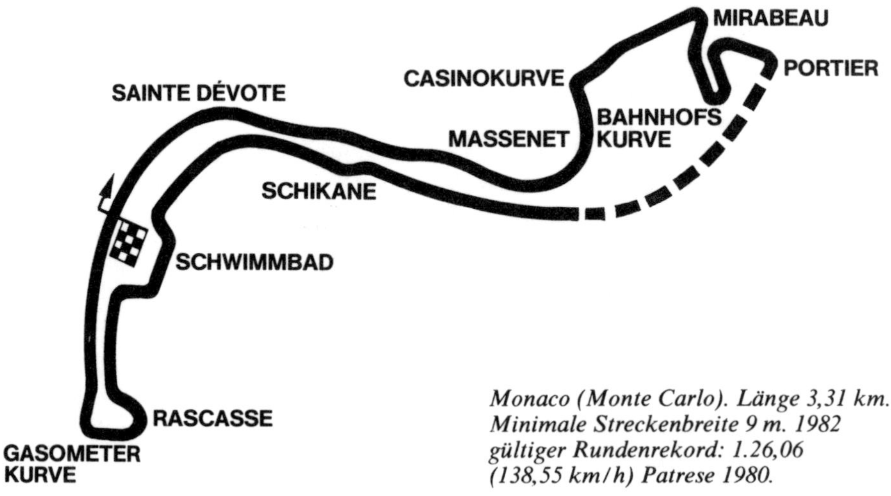

Monaco (Monte Carlo). Länge 3,31 km. Minimale Streckenbreite 9 m. 1982 gültiger Rundenrekord: 1.26,06 (138,55 km/h) Patrese 1980.

Montreal

Eine fade Strecke, abgesehen von der Lage am St. Lorenz-Strom und der Skyline der Wolkenkratzer. Es gibt keine einzige Kurve, die man im klassischen Sinn des Rennsports richtig fahren kann. Der ganze Kurs ist ein Stakkato von Bremsen–Beschleunigen, Bremsen–Beschleunigen mit einer Menge von schikanenartigen Schlänglern, die auch in keiner Weise interessant sind. Das Aufschaukeln des Autos bringt die Schürzen in Gefahr, da muß man aufpassen. Ziemlich uneben.

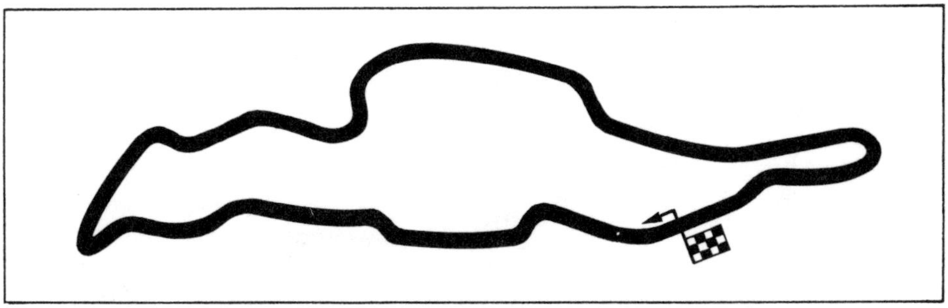

Montreal (Kanada). Länge 4,41 km. Minimale Streckenbreite 10 m. 1982 gültiger Rundenrekord: 1.28,32 (179,75 km/h) Pironi 1982.

Monza

Die klassische Spaghetti-Rennstrecke, das will heißen Chaos, jede Menge Leute und Begeisterung mit allem, was dazugehört – bis zu einbrechenden Tribünen und Schlägereien mit den Polizisten. Fahrerisch ist es eine anspruchsvolle, interessante Strecke. Im Zeitalter der Flügelautos fällt die Unebenheit auf den Geraden besonders ins Gewicht, weil man die Schürzen leicht ruiniert. Das Irrsinnstempo der Start- und Zielgeraden wird vor der Kurva Grande durch eine Zweite-Gang-Schikane entscheidend gemildert. Vor den beiden Lesmo-Kurven sorgt wieder eine

Schikane für den zweiten Gang, dann kommt der schwierigste Teil, Lesmo. Der McLaren verträgt dort den vierten Gang, was eher peinlich ist, weil es sehr eng ist, die Sturzräume knapp sind und das Tempo wahnsinnig ist, jedenfalls viel schneller als man sich das früher vorstellen konnte. Vierter Gang Vollgas in der ersten Lesmo verlangt ein großes Herz, die zweite geht dann auf jeden Fall voll. Gerade, Schikane im dritten Gang, Gerade, Anbremsen der Parabolica. Einlenken, dritter Gang, volles Pedal, und beim Herausbeschleunigen in den vierten und dann fünften Gang schalten. Aus all dem geht hervor, daß die Curva Grande und die Parabolica ihrem dramatischen Ruf von früher nicht mehr ganz gerecht werden, dafür Lesmo umso aufregender geworden ist.

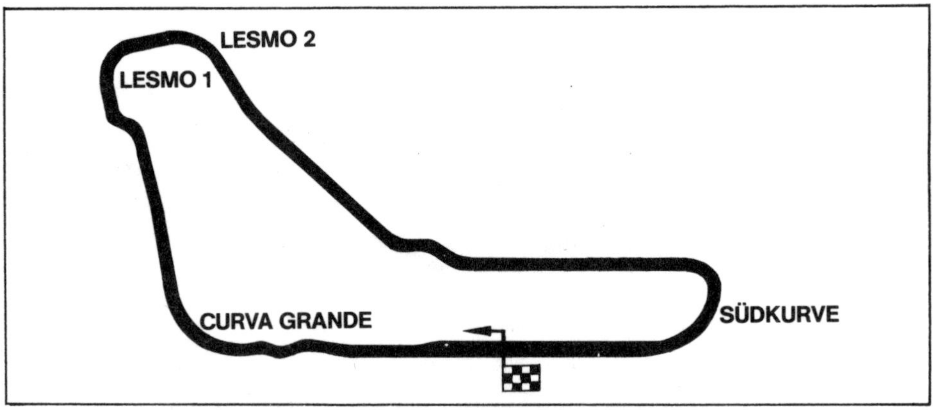

Monza (Italien), 15 km nördlich von Mailand. Länge 5,80 km. Minimale Streckenbreite 9 m. 1982 gültiger Rundenrekord: 1.33,619 (223,031 km/h), Arnoux 1982.

Der Postkarten-Grand-Prix: Links das Casino, rechts das Hotel de Paris, vorne Derek Daly (Williams), dahinter Lauda

Österreich-Ring: Die schnellste Grand-Prix-Strecke der Welt ist nebenbei auch besonders malerisch und bietet den Zuschauern fantastische Übersicht. Auch wenn die Sturzräume überdimensioniert wirken: Riccardo Patrese brauchte den Platz bis zum letzten Meter

HYPO BANK
Steiermark

Linke Seite: Mit 1,8 km ist die Mistral-Gerade von Paul Ricard das längste Geradeausstück im Grand-Prix-Sport, die schnellsten Autos erreichen dort 340 km/h.

Oberes Bild: Zolder, links Alboreto (Tyrrell), rechts Watson (McLaren).

Zweimal Imola: Ordner und Polizisten führen einen ewigen Kampf gegen Chaos.

Turbos unter sich: Prost, Arnoux, hier noch Gilles Villeneuve, Pironi.

Prächtige Naturarena und klassische Kurvenorgie: Brands Hatch

Österreichring

Mit einem Schnitt von über 240 km/h (im Training) ist dies momentan die schnellste Grand-Prix-Strecke der Welt. Abgesehen von den extremen Geschwindigkeiten ist es ein relativ einfacher Kurs mit ordentlichen Sturzräumen und recht gutem Belag, der aber nun auch schon langsam uneben zu werden beginnt. Die Schikane nach Start und Ziel verlangt den zweiten Gang, beim Rausfahren legt man den dritten ein, kommt im fünften an die Glatz-Kurve, die mit den Cosworth-Autos im vierten zu schaffen ist: Einlenken, Zähne zusammenbeißen, Vollgas. Gleich drauf fünfter Gang. Vor dem Anbremsen der Bosch-Kurve hat man 290 bis 300 km/h drauf, aber es ist undramatischer als früher, als man noch langsamer fuhr: Durch den Anpreßdruck der Flügelautos ist Vollgas im vierten Gang kein Problem mehr, sobald man richtig eingelenkt hat. Die folgenden Schikanen verlangen den vierten, dann dritten Gang, und auch die Rindt-Kurve verträgt schon den vierten Gang. Es gibt also keine einzige langsame Kurve auf dieser Strecke, drum ist sie auch im Gesamtschnitt so irrsinnig schnell.

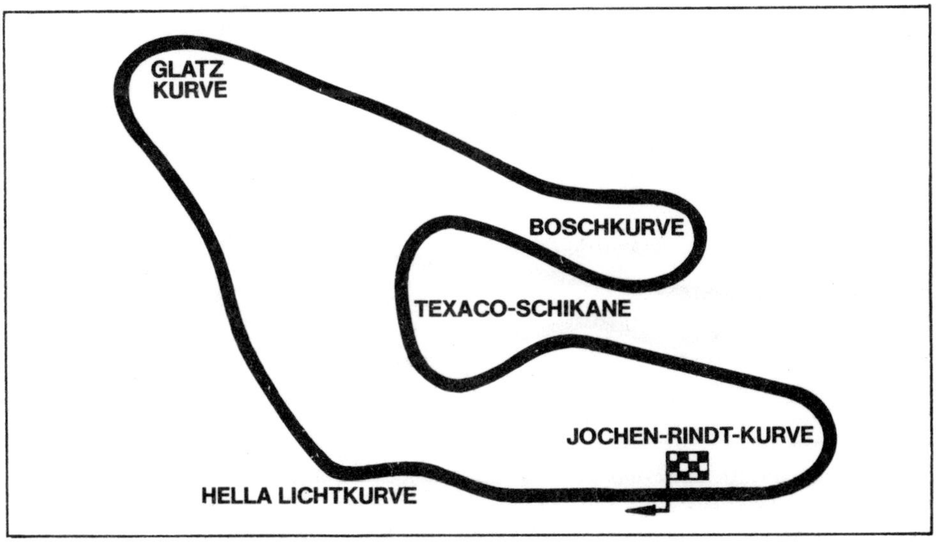

Österreich-Ring, 200 km südlich von Wien. Länge 5,94 km. Minimale Streckenbreite 10 m. 1982 gültiger Rundenrekord: 1.32,53 (231,20 km/h) Arnoux 1980.

Paul Ricard (Le Castellet)

Berühmt ist die Strecke von Paul Ricard vor allem wegen der längsten Geraden des Grand-Prix-Sports, der Mistral-Geraden mit ihren 1,8 km. (Für Sportwagen gelten andere Maßstäbe dank der rund 4 km langen Geraden von Les Hunaudières in Le Mans.) Mistral ist für einen Saugmotor-Fahrer fad, weil die Turbos um 30 km/h schneller sind. Ob 300 oder 330 km/h, für alle Motoren ergibt sich das Problem, fast 40 Sekunden lang mit Höchstdrehzahl laufen zu müssen, was auf keiner anderen Grand-Prix-Strecke vorkommt.
Viel aufregender als die Gerade ist deren Ende. Die Rechtskurve verträgt – nach kurzem Lupfen – Vollgas im fünften Gang, das bedeutet 290 km/h und gleichzeitig das Gewicht von drei Tonnen auf dem Fahrzeug. Schon nach zehn Runden spürt man den Druck auf die Nackenmuskeln und hat Schwierigkeiten, den Kopf nicht nach außen kippen zu lassen. Gleich danach folgt eine weitere typische Kurve der Flügelauto-Ära. Obwohl die Rechtskurve „zumacht", also den Krümmungsradius verkleinert, bleibt man im dritten Gang auf Vollgas, und je enger der Radius, desto stärker wird auch der Bodeneffekt. Man kann sich vorstellen, mit welcher Kraft dabei wieder am Kopf des Fahrers gezerrt wird.
Es folgen einige interessante Passagen, die in die Zielgerade führen, fünfter Gang selbst durch die Schikane (zumindest Cosworth-Fahrer, die anderen schalten auf den vierten), dann wird der Wagen von 300 auf 80 km/h zusammengestaucht und in die beiden Rechtskurven getrieben, die in die Mistral-Gerade münden.

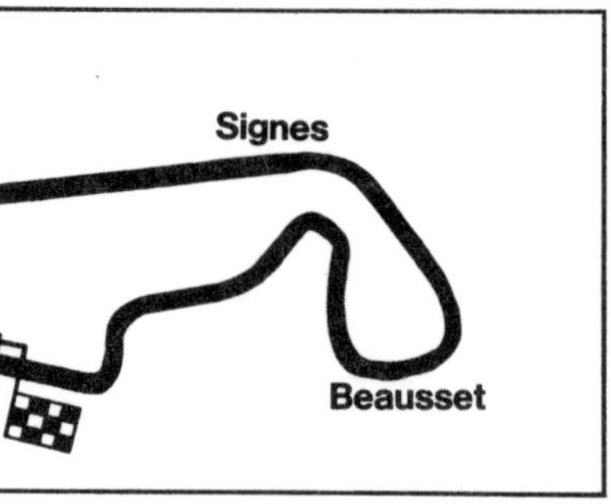

Paul Ricard/Le Castellet (Frankreich), 34 km östlich von Marseille. Länge 5,81 km. Minimale Streckenbreite 12 m. 1982 gültiger Rundenrekord: 1.40,07 (209,00 km/h) Patrese 1982.

Rio

Das beste Beispiel für kaum noch akzeptable Fliehkräfte, die auf den Körper eines *wing car*-Fahrers einwirken, darum haben wir auch schon im Kapitel „Aerodynamik" darüber gesprochen. Es gibt mehrere Kurven, die einen sehr langen Radius haben und gleichzeitig überhöht sind. Eine besondere Finesse ist, daß die lange Gerade in eine Hochgeschwindigkeitskurve übergeht. Es ist die physisch anstrengendste Strecke, die ich kenne. In den langgezogenen Kurven werden Hände, Füße, der Kopf von der Fliehkraft weggetrieben, es kommt zum schon beschriebenen Kippen des Kopfes. Noch dazu findet das Rennen mitten im brasilianischen Sommer statt, also kommen die enorme Hitze und die Luftfeuchtigkeit noch dazu. Aber Hitze allein kann einen Fahrer nie so schaffen wie diese Fliehkräfte. Die schnellen langen Kurven werden im dritten Gang durchfahren, man kann sagen mit ungefähr 200 km/h.

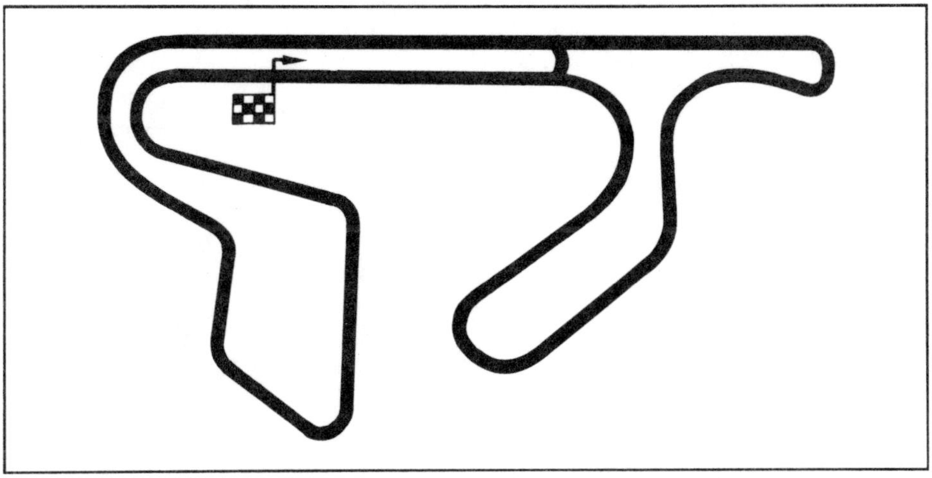

Rio de Janeiro (Brasilien). Länge 5,03 km. Minimale Streckenbreite 12 m. 1982 gültiger Rundenrekord: 1.36,58 (157,52 km/h) Piquet 1982.

Zandvoort

Deshalb für Flügelautos schwierig, weil es einen Kompromiß zwischen Schnell- und Langsam-Einstellung erfordert, außerdem ist die Zielgerade so lang, daß auch die Endgeschwindigkeit wichtig ist. Das Wahrzeichen von Zandvoort – abgesehen von den Dünen rundherum – ist die Tarzan-Kurve, wo die Autos nach der langen Geraden in den zweiten Gang gestaucht werden. Wir springen erst bei der 100-m-Marke auf die Bremse und verzögern von 300 (die Turbos gar von 320) auf 80 km/h. Daß es nicht einmal hier zu einem Blockieren der Räder kommt, ist ein typisches Kennzeichen der *wing car*-Generation: Der Anpreßdruck und damit das „Gewicht" des Wagens machen es möglich. Übrigens ist dies die einzige vernünftige Stelle zum Überholen, daher kommt es hier zu den wichtigsten Ausbremsmanövern.

Trotz allem ist die Tarzan-Kurve aber nicht so aufregend wie die Scheivlak-Kurve. Man kommt im fünften Gang über den Hügel, bremst ein bißchen, drischt den vierten rein und fährt mit vollem Geschäft durch die Rechtskurve, die zwei irrwitzige Bodenwellen hat. Da ziehen unglaubliche Kräfte an Auto und Mensch, und man hüpft mit 250, 260 km/h durch die Ecke. Am Ende ist ein besonders hoher Randstein –, wer den berührt, kann sich abmelden.

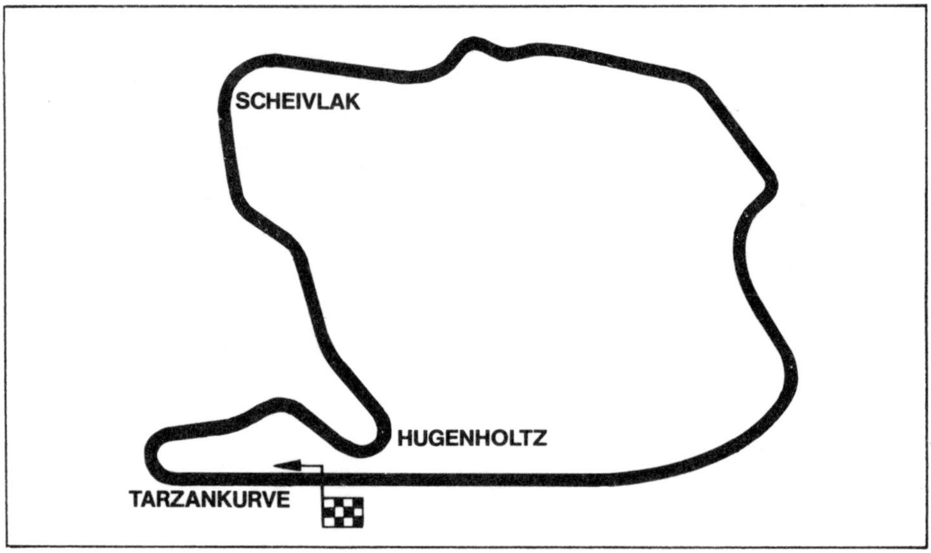

Zandvoort (Holland), 25 km westlich von Amsterdam. Länge 4,25 km. Minimale Streckenbreite 9 m. 1982 gültiger Rundenrekord: 1.19,35 (192,91 km/h) Arnoux 1980.

Zolder

Eine gefährliche Strecke, weil die Sturzräume nicht mehr den heutigen Geschwindigkeiten entsprechen, die Leitschienen sind überall zu nahe an der Fahrbahn. Es gibt verschiedene Asphaltbeläge, was an manchen Anbremspunkten eine besondere Linie verlangt. Der wichtigste Punkt der Strecke ist die Rechtskurve vor der langen Gerade, sie geht jetzt im vierten Gang fast voll – du lenkst ein, steigst voll aufs Pedal und beißt die Zähne zusammen.

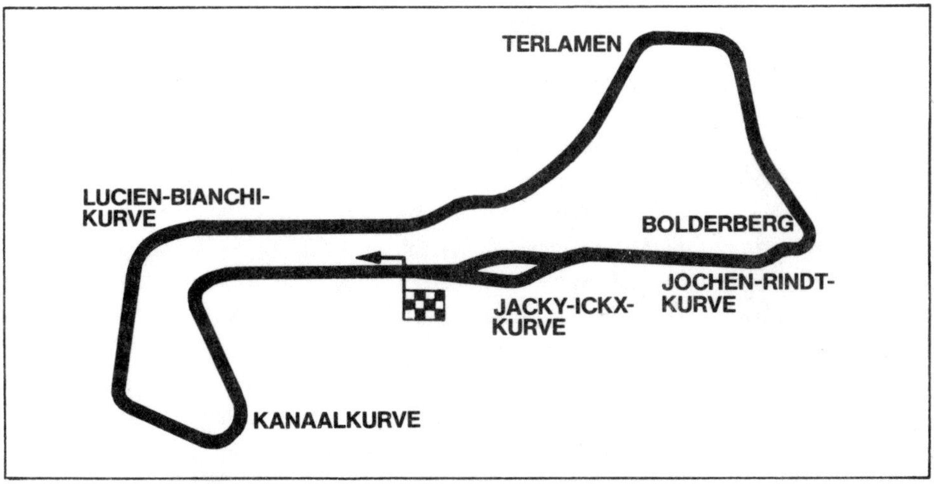

Zolder (Belgien), 60 km östlich von Brüssel. Länge 4,26 km. Minimale Streckenbreite 10 m. 1982 gültiger Rundenrekord: 1.20,56 (190,33 km/h) Watson 1982.

Der Körper eines Grand-Prix-Fahrers

Von Willi Dungl

Willi Dungl, 45, ist Masseur und Fitness-Experte in Wien. Berühmt wurde er durch seine Erfolge bei der Betreuung der österreichischen Skispringer-Mannschaft, die Olympisches Gold holte. 1976, nach meinem schweren Nürburgring-Unfall, betreute mich Dungl praktisch ab Verlassen der Intensiv-Station und arbeitete mein Aufbauprogramm aus. Dungl war schon damals viel mehr als bloß Masseur: Zuständig für alles, was mit körperlicher Leistungsfähigkeit zusammenhängt, sogar auch mit psychischer Motivation. Dungl brachte mich auch nach meiner zweijährigen Rennpause wieder in die notwendige körperliche Verfassung. Sein Können, seine Methoden und seine Erfolge bei sehr vielen Sportlern und Nicht-Sportlern sind sensationell.

Im Grand-Prix-Sport wurden die Körper der Fahrer erstmals 1976 mit telemetrischen Messungen (also mit Funkübertragung) beobachtet. Dabei stellte sich heraus, daß ein Pilot am Renntag fünf, sechs oder sieben Stunden lang mit einer permanenten Pulsfrequenz von 140 bis 160 lebt, wobei mehrmals auch Spitzenwerte von über 200 vorkommen. Dies ist jener Teil der körperlichen Belastung, der kaum jemandem bewußt wird. Bei diesen telemetrischen Messungen auf dem Nürburgring hat man auch festgestellt, daß untrainierte oder wenig trainierte Rennfahrer gegen Ende eines langen Trainings Mini-Blackouts bekommen haben – für Bruchteile von Sekunden setzte einfach ihr Bewußtsein aus. Damals wurde eigentlich allen Beteiligten klar, daß es keinen erfolgreichen Rennfahrer ohne Kreislauftraining geben kann, und inzwischen sind die Piloten auch viel athletischer und belastbarer geworden. Der Unterschied zwischen einem Laffite von 1976 (da fiel er mir wegen einer gebrochenen Rippe in die Hände) und heute ist enorm: Aus einem Hendl ist ein Athlet geworden.

Die Belastung des Kreislaufs ist aber nur einer von drei Aspekten, was die nötige Verfassung eines Rennfahrers betrifft. Punkt zwei ist die statische Belastung. Hier geht es um Arme und Schultergürtel, wo die Muskeln tonisch Leistung erbringen

Willi Dungl

müssen, und um die Wirkungen der Fliehkraft. Lauda hätte ohne Spezialbehandlung ein paar Mal zum Rennen gar nicht antreten können (etwa in Jarama und Le Castellet), weil ihm die Fliehkraft im Training einen Wirbel verzogen hatte, der dann auf die Nerven drückte und große Schmerzen auslöste. Erst als wir intensives Muskeltraining für die Wirbelsäule durchzogen, haben diese Probleme aufgehört – dann hatte er genug Muskelmieder, um die einwirkenden Kräfte abzufangen.
Der dritte Aspekt ist die stoffwechselmäßige Belastung. Der Rennfahrer muß seinen Körper so trainieren, daß er über größere Energiespeicher verfügt. Darauf muß die Ernährung langfristig abgestimmt werden, ganz speziell dann noch einmal vor einem Rennen.
Schauen wir diese drei Gruppen – Kreislauf, Muskeln, Stoffwechsel – kurz im einzelnen an.

Kreislauf

Das Ausdauertraining beginnt mit kurzen Läufen in mäßigem Tempo. Man versucht, zwanzig Minuten zu laufen, etwa viereinhalb Kilometer, ohne auf hohe Pulsfrequenzen zu kommen.
Dann braucht man längere Strecken, an die man sich im System des Intervalltrainings heranarbeitet. Wir laufen zwei Minuten, gehen zwei Minuten, laufen drei Minuten, gehen zwei Minuten, laufen vier Minuten, gehen zwei Minuten, bis wir auf zehn Minuten Lauf kommen, dann werden die Laufabschnitte wieder kürzer. Auf diese Weise werden zwanzig Kilometer im Lauftempo zurückgelegt. Intervalle und Strecken lassen sich natürlich je nach Verfassung des Sportlers variieren.
Es gibt bekannte Tests, etwa den Cooper- und den Harvard-Test, um das Verhalten bei Kreislaufbelastung zu überprüfen. Gute Werte bedeuten, daß die Sauerstoffschuld des Körpers bei Belastung nicht mehr so hoch wird wie bei einem weniger durchtrainierten Menschen. Für den Rennfahrer ist das insofern wichtig, weil er Sauerstoff ja auch für sein Hirn braucht, und je besser ich den Sauerstoffhaushalt des Körpers ökonomisieren kann, um so mehr bleibt für Reaktionen und geistige Beweglichkeit übrig.

Muskeln

Wir beginnen mit dem Kräftigen der Handwurzeln und der Unterarme. Ich habe dafür eigens ein Gerät konstruiert. Durch Drehen eines Rohres wird eine Schnur aufgewickelt, an der ein 7-kg-Gewicht hängt. Mit dieser Anfangsübung kräftigt

man vor allem die Beugemuskeln des Unterarms. Wenn Niki mit dem Training beginnt, ist er nach dreimal fix und fertig – in Topform schafft er es zehnmal.
Das Zirkeltraining für die Muskulatur umfaßt eine ganze Menge von Expanderübungen, hauptsächlich für Schultergürtel, Nacken- und Brustmuskulatur.
Wie erwähnt, sind Übungen für die Wirbelsäulenmuskulatur besonders wichtig. Etwa: Niki liegt bäuchlings mit den Beinen bis zum Becken am Tisch, der Oberkörper ist nach unten weggeklappt. In drei Durchgängen zu dreißig Mal klappt er hoch, die Hände sind im Nacken verschränkt. Durch Links- und Rechtsdrehungen werden verschiedene Muskelgruppen erfaßt. Abwechselnd dazu gibt's Bauchmuskelübungen und Wirbelsäulengymnastik, Dreh- und Wendeübungen, damit es zu keinen Verspannungen im Bereich der Wirbelsäule kommt.
Das Rennen mit den extremsten Beanspruchungen der Wirbelsäule ist Rio. In den Wochen davor forcieren wir die entsprechenden Übungen. Außerdem bastle ich dann fürs Rennen einen hufeisenförmigen Schaumgummipolster, der den Helm etwas abstützt, sobald ihn die Fliehkraft zur Seite drücken will.
Beim Muskeltraining gebe ich acht, einen Rennfahrer nicht zu einem Body Builder zu machen. Er soll die Muskulatur haben, die er zum Rennfahren braucht, aber nicht mehr – das wäre nur Ballast. Jeder Muskel, jede Faser braucht Blut, braucht Sauerstoff; und wenn es heiß ist, muß der Muskel gekühlt werden. Wenn einer übermäßig viel Muskeln hat, braucht er auch mehr Energie, um sie zu ernähren, erreicht einen höheren Grundumsatz und schafft sich damit eine Belastung. Daher ist es nicht sinnvoll, einen Grand-Prix-Fahrer zum Modellathleten zu machen.

Ernährung

Am Renntag ist ein Fahrer spätestens ab neun Uhr früh im Streß. Er kommt nicht mehr dazu, etwas Vernünftiges zu essen, was Energie fürs Rennen brächte. Darüber hinaus braucht er zusätzliche Reserven, etwa für ein Hitzerennen (die Kühlung des „Motors" Mensch bedeutet ja auch Energieverbrauch). Der nicht trainierte Körper kann nur ein gewisses Quantum Zucker speichern, dann holt er sich wieder nach, das ist er so gewöhnt. Da der Rennfahrer über einen längeren Zeitraum nichts essen kann, muß er seinen Körper so trainieren, daß er größere Speicher anlegt.
Auch Verdauung der Nahrung ist Arbeit. Wenn wir über Verdauungsmüdigkeit klagen, wird das Blut im Bauch gebraucht und fehlt uns im Kopf. Der Energiebedarf der Verdauung richtet sich nach der Art der Nahrung. Wenn ich 100 Kalorien Eiweiß zu mir nehme, brauche ich allein 30 Kalorien, um es zu verbrennen. Außerdem dauert es Stunden, bis ich aus dem Eiweiß Energie zurückgewinne. Wenn ich also 100 Kalorien Eiweiß umsetze, muß ich erst einmal 30 Kalorien von

meinem Körper vorschießen und ihm an Blutreserven entziehen. Daher wäre es beispielsweise denkbar falsch, einem Piloten vor dem Rennen Ham and Eggs zu geben: Er würde zuerst eher müde werden und erst nach langer Zeit bilanzieren.
Wichtiger (und schwieriger) als die Beachtung solcher selbstverständlicher Details ist das Ausdauertraining für den Stoffwechsel, also muß ich den Sportler während der ganzen Aufbau- und Trainingsphase richtig ernähren. Zusammen mit einem Mediziner haben wir an mehreren Fahrern Stoffwechsel- und Blutzuckertests gemacht und dabei verschiedene Mahlzeiten verglichen.
Vollkorn-Frühstück (Vollkornbrot, Vollwert-Weizenmüsli, etwa 100 g Kohlehydrate und etwa 500 Kalorien). Eine Stunde nach dem Frühstück haben wir Niki 4,5 km laufen lassen, dann den Blutzucker gemessen, eine Stunde später noch einmal. Vor dem Laufen hatte er einen Blutzuckerwert von 90, beim Zurückkommen 75 bis 80, eine Stunde später wieder den Normalwert.
„Normales“ Frühstück (Weißbrot oder Semmel, Zucker, Honig, also schnell resorbierbare Kohlehydrate). Eine Stunde nach dem Frühstück hatte er einen Blutzuckerwert von 140 bis 150, beim Laufen hatte er einen Müdigkeitsanfall, gegen Ende der 4,5 Kilometer bekam er Probleme, und danach dauerte es drei Stunden bis zum Erreichen des Normalwerts. Der Grund: Wenn Zucker schnell resorbiert wird, muß die Bauchspeicheldrüse sofort Insulin in großem Maß ausschütten. Dadurch ist der Zucker rasch weg, und das Insulin bleibt, auf einen Überschuß folgt ein Defizit, das zu einer Müdigkeitsreaktion führt.
Ham and Eggs: Wenn er eine Stunde nach dem Frühstück läuft, beginnt gerade die Verdauung, er muß die erwähnten 30% Energie vorschießen, braucht also während des Laufens Sauerstoff, um das Eiweiß zu verbrennen. Daß das nicht gutgehen kann, leuchtet ein, da ist es noch gescheiter, mit nüchternem Magen zu trainieren.
An einem schweren Tag (Rennen, Zeittraining) soll sich ein Rennfahrer kohlehydratreich und eiweißarm ernähren. An Testtagen beispielsweise, wo es immer wieder Pausen und damit die Möglichkeit zum „Nachfüllen“ gibt, wird er mehr vom lebensnotwendigen Eiweiß zu sich nehmen.
Wichtig ist auch das Abbauen von Schlacken nach dem Muskeltraining durch Duschprozeduren. Da gibt es ein russisches Rezept: Sieben Minuten warm duschen, dann kalt abduschen. Oder Kneipp-Laufen: 30 Sekunden im kalten Bach während eines Waldlaufs. So kann man lange Strecken rennen, ohne sauer zu werden, weil man eben die Schlacke wegkriegt. Sauer wird der Körper auch von Fleisch, Zucker und vom Verbrennen von Milchsäure. Daraufhin muß er Basen bilden (etwa durch rohes Gemüse), um wieder leistungsbereit zu werden.

Alle Grand-Prix-Sieger ab 1950

1950. England: Farina *(Alfa Romeo).* Monaco: Fangio *(Alfa Romeo).* Schweiz: Farina *(Alfa Romeo).* Belgien: Fangio *(Alfa Romeo).* Frankreich: Fangio *(Alfa Romeo).* Italien: Farina *(Alfa Romeo).*

1951. Schweiz: Fangio *(Alfa Romeo).* Belgien: Farina *(Alfa Romeo).* Frankreich: Fagioli/Fangio *(Alfa Romeo).* England: Gonzalez *(Ferrari).* Deutschland: Ascari *(Ferrari).* Italien: Ascari *(Ferrari).* Spanien: Fangio *(Alfa Romeo).*

1952. Schweiz: Taruffi *(Ferrari).* Belgien: Ascari *(Ferrari).* Frankreich: Ascari *(Ferrari).* England: Ascari *(Ferrari).* Deutschland: Ascari *(Ferrari).* Holland: Ascari *(Ferrari).* Italien: Ascari *(Ferrari).*

1953: Argentinien: Ascari *(Ferrari).* Holland: Ascari *(Ferrari).* Belgien: Ascari *(Ferrari).* Frankreich: Hawthorn *(Ferrari).* England: Ascari *(Ferrari).* Deutschland: Farina *(Ferrari).* Schweiz: Ascari *(Ferrari).* Italien: Fangio *(Maserati).*

1954. Argentinien: Fangio *(Maserati).* Belgien: Fangio *(Maserati).* Frankreich: Fangio *(Mercedes).* England: Gonzalez *(Ferrari).* Deutschland: Fangio *(Mercedes).* Schweiz: Fangio *(Mercedes).* Italien: Fangio *(Mercedes).* Spanien: Hawthorn *(Ferrari).*

1955. Argentinien: Fangio *(Mercedes).* Monaco: Trintignant *(Ferrari).* Belgien: Fangio *(Mercedes).* Holland: Fangio *(Mercedes).* England: Moss *(Mercedes).* Italien: Fangio *(Mercedes).*

1956. Argentinien: Fangio/Musso *(Ferrari).* Monaco: Moss *(Maserati).* Belgien: Collins *(Ferrari).* Frankreich: Collins *(Ferrari).* England: Fangio *(Ferrari).* Deutschland: Fangio *(Ferrari).* Italien: Moss *(Maserati).*

1957. Argentinien: Fangio *(Maserati).* Monaco: Fangio *(Maserati).* Frankreich: Fangio *(Maserati).* England: Brooks/Moss *(Vanwall).* Deutschland: Fangio *(Maserati).* Pescara: Fangio *(Maserati).* Italien: Moss *(Vanwall).*

1958. Argentinien: Moss *(Cooper).* Monaco: Trintignant *(Cooper).* Holland: Moss *(Vanwall).* Belgien: Brooks *(Vanwall).* Frankreich: Hawthorn *(Ferrari).* England: Collins *(Ferrari).* Deutschland: Brooks *(Vanwall).* Portugal: Moss *(Vanwall).* Italien: Brooks *(Vanwall).* Marokko: Moss *(Vanwall).*

1959. Monaco: Brabham *(Cooper).* Holland: Bonnier *(BRM).* Frankreich: Brooks *(Ferrari).* England: Brabham *(Cooper).* Deutschland: Brooks *(Ferrari).* Portugal: Moss *(Cooper).* Italien: Moss *(Cooper).* USA: McLaren *(Cooper).*

1960. Argentinien: McLaren *(Cooper).* Monaco: Moss *(Lotus).* Holland: Brabham *(Cooper).* Belgien: Brabham *(Cooper).* Frankreich: Brabham *(Cooper).* England: Brabham *(Cooper).* Portugal: Brabham *(Cooper).* Italien: P. Hill *(Ferrari).* USA: Moss *(Lotus).*

1961. Monaco: Moss *(Lotus).* Holland: von Trips *(Ferrari).* Belgien: P. Hill *(Ferrari).* Frankreich: Baghetti *(Ferrari).* England: von Trips *(Ferrari).* Deutschland: Moss *(Lotus).* Italien: P. Hill *(Ferrari).* USA: Ireland *(Lotus).*

1962. Holland: G. Hill *(BRM).* Monaco: McLaren *(Cooper).* Belgien: Clark *(Lotus).* Frankreich: Gurney *(Porsche).* England: Clark *(Lotus).* Deutschland: G. Hill *(BRM).* Italien: G. Hill *(BRM).* USA: Clark *(Lotus).* Südafrika: G. Hill *(BRM).*

1963. Monaco: G. Hill *(BRM).* Belgien: Clark *(Lotus).* Holland: Clark *(Lotus).* Frankreich: Clark *(Lotus).* England: Clark *(Lotus).* Deutschland: Surtees *(Ferrari).* Italien: Clark *(Lotus).* USA: G. Hill *(BRM).* Mexiko: Clark *(Lotus).* Südafrika: Clark *(Lotus).*

1964. Monaco: G. Hill *(BRM).* Holland: Clark *(Lotus).* Belgien: Clark *(Lotus).* Frankreich: Gurney *(Brabham).* England: Clark *(Lotus).* Deutschland: Surtees *(Ferrari).* Österreich: Bandini *(Ferrari).* Italien: Surtees *(Ferrari).* USA: G. Hill *(BRM).* Mexiko: Gurney *(Brabham).*

1965. Südafrika: Clark *(Lotus).* Monaco: G. Hill *(BRM).* Belgien: Clark *(Lotus).* Frankreich: Clark *(Lotus).* England: Clark *(Lotus).* Holland: Clark *(Lotus).* Deutschland: Clark *(Lotus).* Italien: Stewart *(BRM).* USA: G. Hill *(BRM).* Mexiko: Ginther *(Honda).*

RENAULT elf
16
elf

Aufschlagseite des Farbteils:
René Arnoux, Rascasse-Kurve in Monaco.
Linke Seite: Lauda, McLaren, Detroit.
Oben: Pironi, Ferrari.
Watson, McLaren.

Marlboro
McLAREN INTERNATIONAL
EBEL
SWISS
WATCHES

1966. Monaco: Stewart *(BRM)*. Belgien: Surtees *(Ferrari)*. Frankreich: Brabham *(Brabham)*. England: Brabham *(Brabham)*. Holland: Brabham *(Brabham)*. Deutschland: Brabham *(Brabham)*. Italien: Scarfiotti *(Ferrari)*. USA: Clark *(Lotus)*. Mexiko: Surtees *(Cooper)*.

1967. Südafrika: Rodriguez *(Cooper)*. Monaco: Hulme *(Brabham)*. Holland: Clark *(Lotus)*. Belgien: Gurney *(Eagle)*. Frankreich: Brabham *(Brabham)*. England: Clark *(Lotus)*. Deutschland: Hulme *(Brabham)*. Kanada: Brabham *(Brabham)*. Italien: Surtees *(Honda)*. USA: Clark *(Lotus)*. Mexiko: Clark *(Lotus)*.

1968. Südafrika: Clark *(Lotus)*. Spanien: G. Hill *(Lotus)*. Monaco: G. Hill *(Lotus)*. Belgien: McLaren *(McLaren)*. Holland: Stewart *(Matra)*. Frankreich: Ickx *(Ferrari)*. England: Siffert *(Lotus)*. Deutschland: Stewart *(Matra)*. Italien: Hulme *(McLaren)*. Kanada: Hulme *(McLaren)*. USA: Stewart *(Matra)*. Mexiko: G. Hill *(Lotus)*.

1969. Südafrika: Stewart *(Matra)*. Spanien: Stewart *(Matra)*. Monaco: G. Hill *(Lotus)*. Holland: Stewart *(Matra)*. Frankreich: Stewart *(Matra)*. England: Stewart *(Matra)*. Deutschland: Ickx *(Brabham)*. Italien: Stewart *(Matra)*. Kanada: Ickx *(Brabham)*. USA: Rindt *(Lotus)*. Mexiko: Hulme *(McLaren)*.

1970. Südafrika: Brabham *(Brabham)*. Spanien: Stewart *(March)*. Monaco: Rindt *(Lotus)*. Belgien: Rodriguez *(BRM)*. Holland: Rindt *(Lotus)*. Frankreich: Rindt *(Lotus)*. England: Rindt *(Lotus)*. Deutschland: Rindt *(Lotus)*. Österreich: Ickx *(Ferrari)*. Italien: Regazzoni *(Ferrari)*. Kanada: Ickx *(Ferrari)*. USA: Fittipaldi *(Lotus)*. Mexiko: Ickx *(Ferrari)*.

1971. Südafrika: Andretti *(Ferrari)*. Spanien: Stewart *(Tyrrell)*. Monaco: Stewart *(Tyrrell)*. Holland: Ickx *(Ferrari)*. Frankreich: Stewart *(Tyrrell)*. England: Stewart *(Tyrrell)*. Deutschland: Stewart *(Tyrrell)*. Österreich: Siffert *(BRM)*. Italien: Gethin *(BRM)*. Kanada: Stewart *(Tyrrell)*. USA: Cevert *(Tyrrell)*.

1972. Argentinien: Stewart *(Tyrrell)*. Südafrika: Hulme *(McLaren)*. Spanien: Fittipaldi *(Lotus)*. Monaco: Beltoise *(BRM)*. Belgien: Fittipaldi *(Lotus)*. Frankreich: Stewart *(Tyrrell)*. England: Fittipaldi *(Lotus)*. Deutschland: Ickx *(Ferrari)*. Österreich: Fittipaldi *(Lotus)*. Italien: Fittipaldi *(Lotus)*. Kanada: Stewart *(Tyrrell)*. USA: Stewart *(Tyrrell)*.

1973. Argentinien: Fittipaldi *(Lotus)*. Brasilien: Fittipaldi *(Lotus)*. Südafrika: Stewart *(Tyrrell)*. Spanien: Stewart *(Tyrrell)*. Belgien: Fittipaldi *(Lotus)*. Monaco: Stewart *(Tyrrell)*. Schweden: Hulme *(McLaren)*. Frankreich: Peterson *(Lotus)*. England: Revson *(McLaren)*. Holland: Stewart *(Tyrrell)*. Deutschland: Stewart *(Tyrrell)*. Österreich: Peterson *(Lotus)*. Italien: Peterson *(Lotus)*. Kanada: Revson *(Mc Laren)*. USA: Peterson *(Lotus)*.

1974. Argentinien: Hulme *(McLaren)*. Brasilien: Fittipaldi *(McLaren)*. Südafrika: Reutemann *(Brabham)*. Spanien: Lauda *(Ferrari)*. Belgien: Fittipaldi *(McLaren)*. Monaco: Peterson *(Lotus)*. Schweden: Scheckter *(Tyrrell)*. Holland: Lauda *(Ferrari)*. Frankreich: Peterson *(Lotus)*. England: Scheckter *(Tyrrell)*. Deutschland: Regazzoni *(Ferrari)*. Österreich: Reutemann *(Brabham)*. Italien: Peterson *(Lotus)*. Kanada: Fittipaldi *(McLaren)*. USA: Reutemann *(Brabham)*.

1975. Argentinien: Fittipaldi *(McLaren)*. Brasilien: Pace *(Brabham)*. Südafrika: Scheckter *(Tyrrell)*. Spanien: Mass *(McLaren)*. Monaco: Lauda *(Ferrari)*. Belgien: Lauda *(Ferrari)*. Schweden: Lauda *(Ferrari)*. Holland: Hunt *(Hesketh)*. Frankreich: Lauda *(Ferrari)*. England: Fittipaldi *(McLaren)*. Deutschland: Reutemann *(Brabham)*. Österreich: Brambilla *(March)*. Italien: Regazzoni *(Ferrari)*. USA: Lauda *(Ferrari)*.

1976. Brasilien: Lauda *(Ferrari)*. Südafrika: Lauda *(Ferrari)*. USA-West: Regazzoni *(Ferrari)*. Spanien: Hunt *(McLaren)*. Belgien: Lauda *(Ferrari)*. Monaco: Lauda *(Ferrari)*. Schweden: Scheckter *(Tyrrell)*. Frankreich: Hunt *(McLaren)*. England: Lauda *(Ferrari)*. Deutschland: Hunt *(McLaren)*. Österreich: Watson *(Penske)*. Holland: Hunt *(McLaren)*. Italien: Peterson *(March)*. Kanada: Hunt *(McLaren)*. USA: Hunt *(McLaren)*. Japan: Andretti *(Lotus)*.

1977. Argentinien: Scheckter *(Wolf)*. Brasilien: Reutemann *(Ferrari)*. Südafrika: Lauda *(Ferrari)*. USA-West: Andretti *(Lotus)*. Spanien: Andretti *(Lotus)*. Monaco: Scheckter *(Wolf)*. Belgien: Nilsson *(Lotus)*. Schweden: Laffite *(Ligier)*. Frankreich: Andretti *(Lotus)*. England: Hunt *(McLaren)*. Deutschland: Lauda *(Ferrari)*. Österreich: Jones *(Shadow)*. Holland: Lauda *(Ferrari)*. Italien: Andretti *(Lotus)*. USA: Hunt *(McLaren)*. Kanada: Scheckter *(Wolf)*. Japan: Hunt *(McLaren)*.

1978. Argentinien: Andretti *(Lotus)*. Brasilien: Reutemann *(Ferrari)*. Südafrika: Peterson *(Lotus)*. USA-West: Reutemann *(Ferrari)*. Monaco: Depailler *(Tyrrell)*. Belgien: Andretti *(Lotus)*. Spanien: Andretti *(Lotus)*. Schweden: Lauda *(Brabham)*. Frankreich: Andretti *(Lotus)*. England: Reutemann *(Ferrari)*. Deutschland: Andretti *(Lotus)*. Österreich: Peterson *(Lotus)*. Holland: Andretti *(Lotus)*. Italien: Lauda *(Brabham)*. USA: Reutemann *(Ferrari)*. Kanada: Villeneuve *(Ferrari)*.

1979. Argentinien: Laffite *(Ligier)*. Brasilien: Laffite *(Ligier)*. Südafrika: Villeneuve *(Ferrari)*. USA-West: Villeneuve *(Ferrari)*. Spanien: Depailler *(Ligier)*. Belgien: Scheckter *(Ferrari)*. Monaco: Scheckter *(Ferrari)*. Frankreich: Jabouille *(Renault)*. England: Regazzoni *(Williams)*. Deutschland: Jones *(Williams)*. Österreich: Jones *(Williams)*. Holland: Jones *(Williams)*. Italien: Scheckter *(Ferrari)*. Kanada: Jones *(Williams)*. USA: Villeneuve *(Ferrari)*.

1980. Argentinien: Jones *(Williams)*. Brasilien: Arnoux *(Renault)*. Südafrika: Arnoux *(Renault)*. USA-West: Piquet *(Brabham)*. Belgien: Pironi *(Ligier)*. Monaco: Reutemann *(Williams)*. Frankreich: Jones *(Williams)*. England: Jones *(Williams)*. Deutschland: Laffite *(Ligier)*. Österreich: Jabouille *(Renault)*. Holland: Piquet *(Brabham)*. Italien: Piquet *(Brabham)*. Kanada: Jones *(Williams)*. USA: Jones *(Williams)*.

1981. USA-West: Jones *(Williams)*. Brasilien: Reutemann *(Williams)*. Argentinien: Piquet *(Brabham)*. San Marino: Piquet *(Brabham)*. Belgien: Reutemann *(Williams)*. Monaco: Villeneuve *(Ferrari)*. Spanien: Villeneuve *(Ferrari)*. Frankreich: Prost *(Renault)*. England: Watson *(McLaren)*. Deutschland: Piquet *(Brabham)*. Österreich: Laffite *(Talbot)*. Holland: Prost *(Renault)*. Italien: Prost *(Renault)*. Kanada: Laffite *(Talbot)*. USA: Jones *(Williams)*.

1982. Südafrika: Prost *(Renault)*. Brasilien: Piquet *(Brabham)*. USA-West: Lauda *(McLaren)*. San Marino: Pironi *(Ferrari)*. Belgien: Watson *(McLaren)*. Monaco: Patrese *(Brabham)*. USA-Ost: Watson *(McLaren)*. Kanada: Piquet *(Brabham)*. Holland: Pironi *(Ferrari)*. England: Lauda *(McLaren)*. Frankreich: Arnoux *(Renault)*. Deutschland: Tambay *(Ferrari)*. Österreich: de Angelis *(Lotus)*. Schweiz: Rosberg *(Williams)*. Italien: Arnoux *(Renault)*.

Formel-1-Weltmeister ab 1950

1950: Giuseppe Farina
1951: Juan Manuel Fangio
1952: Alberto Ascari
1953: Alberto Ascari
1954: Juan Manuel Fangio
1955: Juan Manuel Fangio
1956: Juan Manuel Fangio
1957: Juan Manuel Fangio
1958: Mike Hawthorn
1959: Jack Brabham
1960: Jack Brabham
1961: Phil Hill
1962: Graham Hill
1963: Jim Clark
1964: John Surtees
1965: Jim Clark
1966: Jack Brabham
1967: Denis Hulme
1968: Graham Hill
1969: Jackie Stewart
1970: Jochen Rindt
1971: Jackie Stewart
1972: Emerson Fittipaldi
1973: Jackie Stewart
1974: Emerson Fittipaldi
1975: Niki Lauda
1976: James Hunt
1977: Niki Lauda
1978: Mario Andretti
1979: Jody Scheckter
1980: Alan Jones
1981: Nelson Piquet

Internationaler Pokal für Formel-1-Konstrukteure

Bis 1958 wurde der Pokal jeweils automatisch an die Marke des Weltmeisters vergeben. Seit 1958 wird der Konstrukteurspokal offiziell verliehen. Die Reihung der Konstrukteure wird nach dem Punktesystem erstellt, mit dem auch die Fahrerweltmeisterschaft ermittelt wird.

1950: Alfa Romeo
1951: Alfa Romeo
1952: Ferrari
1953: Ferrari
1954: Maserati und Mercedes-Benz
1955: Mercedes-Benz
1956: Ferrari
1957: Maserati
1958: Ferrari
1959: Cooper
1960: Cooper
1961: Ferrari
1962: BRM
1963: Lotus
1964: Ferrari
1965: Lotus
1966: Brabham
1967: Brabham
1968: Lotus
1969: Matra
1970: Lotus
1971: Tyrrell
1972: JPS-Lotus
1973: Lotus
1974: McLaren
1975: Ferrari
1976: Ferrari
1977: Ferrari
1978: Lotus
1979: Ferrari
1980: Williams
1981: Williams

Anhang

249 Rennen in 15 Jahren: Alle Starts Niki Laudas

1968

Bergrennen Bad Mühllacken, A, 15. 4.
Cooper 1300, Platz 2
Klassensieger Herbert Grünsteidl, A, Cooper
Gesamtsieger Richard Gerin, A, Porsche 906

Bergrennen Dobratsch, A, 28. 4.
Cooper 1300, Klassensieg
Gesamtsieger Rudi Lins, A, Porsche 906

Bergrennen Alpl, A, 5. 5.
Cooper 1300, Klassensieg
Gesamtsieger Richard Gerin, A, Porsche 906

Bergrennen Engelhartszell, A, 26. 5.
Cooper 1300, Klassensieg
Gesamtsieger Gerhard Krammer, A, Brabham-Alfa

Bergrennen Kasten-Viechtenstein, A, 9. 6.
Porsche 911, ausgefallen (Unfall)
Gesamtsieger Dieter Schmied, D, Lotus 23

Koralpe-Bergrennen, A, 23. 6.
Porsche 911, Klassensieg
Gesamtsieger Richard Gerin, A, Porsche 906

Flugplatzrennen Tulln-Langenlebarn, A, 14. 7.
Porsche 911, Ausfall (Motor)
Gesamtsieger Klaus Reisch, A, Alfa Romeo GTA

Bergrennen Tauplitzalm, A, 4. 8.
Porsche 911, Klassensieg
Gesamtsieger Giulio de Guidi, CH, Cooper-ATS

Bergrennen Stainz, A, 11. 8.
Porsche 911, Klassensieg
Gesamtsieger Jochen Rindt, A, Brabham Formel 2

Bergrennen Walding, A, 15. 8.
Porsche 911, Klassensieg
Gesamtsieger Peter Peter, A, Porsche 906

Flugplatzrennen Zeltweg, 25. 8.
Porsche 911, Gesamtsieg

Flugplatzrennen Aspern, A, 6. 10.
Porsche 911, Platz 3
Sieger Ernst Furtmayer, D, BMW 2002
Kaimann Formel Vau: Platz 8
Sieger Erich Breinsberg, A, Kaimann

Flugplatzrennen Innsbruck, A, 13. 10.
Porsche 911, Ausfall
Sieger P. Kaiser, D, Porsche 911

Bergrennen Dopplerhütte, A, 27. 10.
Porsche 911: Klassensieg
Kaimann: Platz 2
Gesamtsieger Rudi Lins, A, Porsche 910

1969

Hockenheim, D, 12. 4.
Kaimann Formel Vau, Platz 4
Sieger Gerold Pankl, A, Austro Vau

Flugplatzrennen Aspern, A, 13. 4.
Kaimann Formel V, Ausfall
Sieger Peter Peter, A, Austro Vau

Belgrad, YU, 20. 4.
Kaimann Formel Vau, Platz 2
Sieger Gerold Pankl, A, Austro Vau

Budapest, H, 11. 5.
Kaimann Formel Vau, Platz 4
Sieger Alfred Vogelberger, D, Olympic

Roßfeld-Bergrennen, D, 8. 6.
Kaimann Formel Vau, Platz 5
Sieger Alfred Vogelberger, D, Olympic

Hockenheim, D, 15. 6.
Kaimann Formel Vau, Platz 2
Sieger Erich Breinsberg, A, Kaimann

Hansa-Pokal Nürburgring, D, 29. 6.
Kaimann Formel Vau, Platz 4
Sieger Erich Breinsberg, A, Kaimann

Sopron, H, 6. 7.
Kaimann Formel Vau, Sieger

Flugplatzrennen Tulln-Langenlebarn, A, 13. 7.
Opel 1900, Ausfall (Motor)
Sieger Peter Huber, A, Ford Escort TC
Kaimann Formel Vau, Platz 3
Sieger Peter Peter, A, Austro Vau

Österreichring, A, 27. 7.
Kaimann Formel Vau, Platz 8
Sieger Helmut Marko, A, McNamara

Nürburgring, D, 3. 8.
Kaimann Formel Vau, Platz 2
Sieger Helmut Marko, A, McNamara

Österreichring, A, 10. 8.
Lauda/Stuppacher, A, Porsche 910, Platz 21
Sieger Siffert/Ahrens, CH/D, Porsche 917

Mantorp Park, S, 31. 8.
Kaimann Formel Vau, Ausfall (Benzinpumpe)
Sieger Bertil Roos, S, RPB

Salzburgring, A, 21. 9.
Kaimann Formel Vau, Platz 3
Sieger Dieter Quester, A, Kaimann

Flugplatzrennen Innsbruck, A, 5. 10.
Kaimann Formel Vau, Platz 2
Sieger Erich Breinsberg, A, Kaimann

Eifelpokalrennen Nürburgring, D, 12. 10.
Kaimann Formel Vau, Platz 20
Sieger Peter Peter, A, Austro Vau

Flugplatzrennen München-Neubiberg, D, 26. 10.
Opel 1900: Platz 5
Sieger Dieter Basche, D, BMW 2000 ti
Kaimann Formel Vau: Sieger

1970

Nogaro, F, 29. 3.
Formel-3-McNamara, Ausfall (Unfall)
Sieger Jean-Pierre Jaussaud, F, Tecno

300-km-Rennen Nürburgring, D, 19. 4.
Formel-3-McNamara, Platz 16
Sieger Freddy Kottulinsky, S, Lotus

Magny Cours, F, 3. 5.
Formel-3-McNamara, Platz 5
Sieger Jean-Pierre Jaussaud, F, Tecno

Hockenheim, D, 10. 5.
Formel-3-McNamara, Ausfall (Unfall)
Sieger Hermann Unold, D, Tecno

Österreichring, A, 17. 5.
Formel-3-McNamara, Platz 6
Sieger Freddy Kottulinsky, Lotus

Brünn, CS, 24. 5.
Formel-3-McNamara, Platz 2
Sieger Jürg Dubler, CH, Chevron

Silverstone, GB, 7. 6.
Formel-3-McNamara, Nichtstarter
Sieger Mike Beuttler, GB, March

Norisring, D, 28. 6.
Porsche 908, Platz 8
Sieger Jürgen Neuhaus, D, Porsche 917

Hockenheim, D, 5. 7.
Porsche 908, Platz 12
Sieger Vic Elford, McLaren-Chevy
Formel-3-McNamara, Platz 5
Sieger Gianni Salvati, I, Tecno

6-Stunden-Rennen Nürburgring, D, 12. 7.
Lauda/Herzog, A/CH, BMW 1600, Ausfall
Sieger de Adamich/Picchi, I, Alfa Romeo

Brands-Hatch, GB, 17. 7.
Formel-3-McNamara, Ausfall (Unfall)
Sieger Mike Beuttler, GB, Brabham

Flugplatzrennen Diepholz, D, 19. 7.
Porsche 908, Sieger

Karlskoga, S, 9. 8.
Formel-3-McNamara, Platz 5
Sieger Peter Hanson, GB, Chevron
Porsche 908, Ausfall (Getriebe)
Sieger Chris Craft, GB, McLaren-Cosworth

Knutstorp, S, 16. 8.
Formel-3-McNamara, Ausfall (Unfall)
Sieger Ulf Svensson, S, Brabham

Keimola, SF, 23. 8.
Porsche 908, Ausfall (Lagerschaden)
Sieger Gijs van Lennep, NL, Porsche 917

Zandvoort, NL, 30. 8.
Formel-3-McNamara, Platz 4
Sieger Jürg Dubler, CH, Chevron

Brands Hatch, GB, 31. 8.
Formel-3-McNamara, Ausfall
Sieger Gerry Birrell, GB, Brabham

Zolder, B, 6. 9.
Formel-3-McNamara, Ausfall (Unfall)
Sieger James Hunt, GB, Lotus

Imola, I, 13. 9.
Lauda/Kottulinsky, A/S, Porsche 908, Platz 5
Sieger Brian/Redman, GB, Porsche 917

Thruxton, GB, 20. 9.
Porsche 908, Platz 5
Sieger Jürgen Neuhaus, Porsche 917

1000-km-Österreichring, Marken-WM, A, 11. 10.
Lauda/Peter, A, Porsche 908, Platz 6
Sieger Siffert/Redman, CH/GB, Porsche 917

Nürburgring, D, 18. 10.
Porsche 908, Platz 3
Sieger Helmut Kelleners, D, March-Chevy

Österreichring (Martha Grand National), A, 25. 10.
Porsche 908, Sieger

1971

Mallory Park, GB, 14. 3.
Formel-2-March/Ford, Ausfall (Benzinpumpe)
Sieger Henri Pescarolo, F, March-Ford

Hockenheim, F-2-EM, D, 4. 4.
Formel-2-March/Ford, Ausfall (Kupplung)
Sieger François Cevert, F, Tecno-Ford

Thruxton, F-2-EM, GB, 12. 4.
Formel-2-March/Ford, Platz 10
Sieger Graham Hill, GB, Brabham-Ford

Nürburgring, F-2-EM, D, 2. 5.
Formel-2-March/Ford, Platz 6
Sieger François Cevert, F, Tecno-Ford

Jarama, F-2-EM, E, 16. 5.
Formel-2-March/Ford, Platz 7
Sieger Emerson Fittipaldi, BRAS, Lotus-Ford

Salzburgring, 2-l-EM, A, 23. 5.
Chevron-Ford (2-l-Sportwagen) Sieger

Crystal Palace, F-2-EM, GB, 31. 5.
Formel-2-March/Ford, nicht qualifiziert
Sieger Emerson Fittipaldi, BRAS, Lotus-Ford

Monza, I, 20. 6.
Formel-2-March/Ford, ausgefallen (Getriebe)
Sieger Dieter Quester, A, March-BMW

Rouen, F-2-EM, F, 27. 6.
Formel-2-March/Ford, Platz 4
Sieger Ronnie Peterson, S, March-Ford

Nürburgring, TW-EM, D, 11. 7.
Lauda/Huber, A, Alpina-BMW-Coupé, Platz 3
Sieger Marko/Glemser, A/D, Ford Capri RS

Spa-Francorchamps, TW-EM, B, 24./25. 7.
Lauda/Larrousse, A/F, Alpina-BMW-Coupé, Ausfall
Sieger Glemser/Soler-Roig, D/E, Ford Capri RS

Mantorp Park, F-2-EM, S, 8. 8.
Formel-2-March/Ford, Platz 13
Sieger Ronnie Peterson, S, March-Ford

Großer Preis von Österreich, Österreichring, 15. 8.
Formel-1-March, ausgefallen (Motor)
Sieger Jo Siffert, CH, BRM

Kinnekulle, S, 22. 8.
Formel-2-March/Ford, Platz 6
Sieger Ronnie Peterson, S, March-Ford

Brands Hatch, GB, 30. 8.
Formel-2-March/Ford, Platz 7
Sieger Ronnie Peterson, S, March-Ford

Tulln-Langenlebarn, F-2-EM, A, 1. 9.
Formel-2-March/Ford, Ausfall
Sieger Ronnie Peterson, S, March-Ford

Albi, F-2-EM, F, 26. 9.
Formel-2-March/Ford, Ausfall
Sieger Emerson Fittipaldi, BRAS, Lotus-Ford

Vallelunga, F-2-EM, I, 10. 10.
Formel-2-March/Ford, Platz 7
Sieger Ronnie Peterson, S, March-Ford

1972

Großer Preis von Argentinien, Buenos Aires, 23. 1.
Formel-1-March, Platz 11
Sieger Jackie Stewart, GB, Tyrrell-Ford

Großer Preis von Südafrika, Kyalami, 4. 3.
Formel-1-March, Platz 7
Sieger Denny Hulme, NZ, McLaren-Ford

Mallory Park, F-2-EM, GB, 12. 3.
Formel-2-March/Ford, Platz 2
Sieger Dave Morgan, GB, Brabham-Ford

Oulton-Park, GB, 31. 3.
Formel-2-March/Ford, Sieger

Thruxton, F-2-EM, GB, 3. 4.
Formel-2-March/Ford, Platz 3
Sieger Ronnie Peterson, S, March-Ford

Hockenheim, F-2-EM, D, 16. 4.
Formel-2-March/Ford, ausgefallen (Motor)
Sieger Jean-Pierre Jaussaud, F, Brabham-Ford

Großer Preis von Spanien, Jarama, 1. 5.
Formel-1-March, Ausfall (steckendes Gaspedal)
Sieger Emerson Fittipaldi, BRAS, Lotus-Ford

Pau, F-2-EM, F, 7. 5.
Formel-2-March/Ford, Ausfall (Halbachse)
Sieger Peter Gethin, GB, Chevron-Ford

Großer Preis von Monaco, Monte Carlo, 14. 5.
Formel-1-March, Platz 16
Sieger Jean-Pierre Beltoise, F, BRM

Brünn, TW-EM, CS, 21. 5.
Alpina-BMW, Ausfall (Motor)
Sieger Dieter Glemser, D, Ford Capri

Crystal Palace, F-2-EM, GB, 29. 5.
Formel-2-March/Ford, Ausfall (Kurbelwelle)
Sieger Jody Scheckter, ZA, McLaren-Ford

Großer Preis Belgien, Nivelles, 4. 6.
Formel-1-March, Platz 12
Sieger Emerson Fittipaldi, BRAS, Lotus-Ford

Hockenheim, F-2-EM, D, 11. 6.
Formel-2-March/Ford, Ausfall (Motor)
Sieger Emerson Fittipaldi, Lotus-Ford

Preis von Rom, Vallelunga, I, 18. 6.
Formel-1-March, Unfall im Training, nicht am Start
Sieger Emerson Fittipaldi, BRAS, Lotus-Ford

Rouen, F-2-EM, F, 25. 6.
Formel-2-March/Ford, Ausfall (Motor)
Sieger Emerson Fittipaldi, BRAS, Lotus-Ford

Großer Preis von Frankreich, Clermont-Ferrand, 2. 7.
Formel-1-March, Ausfall (Hinterradaufhängung)
Sieger Jackie Stewart, GB, Tyrrell-Ford

Österreichring, F-2-EM, A, 9. 7.
Formel-2-March/Ford, Ausfall (Motor)
Sieger Emerson Fittipaldi, BRAS, Lotus-Ford

Großer Preis von England, Brands Hatch, 15. 7.
Formel-1-March, Platz 9
Sieger Emerson Fittipaldi, BRAS, Lotus-Ford

Imola, F-2-EM, I, 23. 7.
Formel-2-March/Ford, Platz 3
Sieger John Surtees, GB, Surtees-Ford

Großer Preis von Deutschland, Nürburgring, 30. 7.
Formel-1-March, Ausfall (Leck im Öltank)
Sieger Jackie Ickx, B, Ferrari

Mantorp Park, F-2-EM, S, 6. 8.
Formel-2-March/Ford, im Training nicht qualifiziert
Sieger Mike Hailwood, GB, Surtees-Ford

Großer Preis von Österreich, Österreichring, 13. 8.
Formel-1-March, Platz 10
Sieger Emerson Fittipaldi, BRAS, Lotus-Ford

Zandvoort, TW-EM, NL, 20. 8.
Lauda/Hezemans, A/NL, Alpina-BMW-Coupé, Platz 3
Sieger Mass/Soler-Roig, D/E, Ford Capri RS

Salzburgring, F-2-EM, A, 3. 9.
Formel-2-March/Ford, Platz 6
Sieger Mike Hailwood, GB, Surtees-Ford

Großer Preis von Italien, Monza, 10. 9.
Formel-1-March, Platz 13
Sieger Emerson Fittipaldi, BRAS, Lotus-Ford

Oulton-Park, GB, 16. 9.
Formel-2-March/Ford, Platz 2
Sieger Ronnie Peterson, S, March-Ford

Großer Preis von Kanada, Mosport, 24. 9.
Formel-1-March, Ausfall (disqualifiziert)
Sieger Jackie Stewart, GB, Tyrrell-Ford

Hockenheim, F-2-EM, D, 1. 10.
Formel-2-March/Ford, Platz 9
Sieger Tim Schenken, AUS, Brabham-Ford

Großer Preis der USA, Watkins Glen, 8. 10.
Formel-1-March/Platz 17
Sieger Jackie Stewart, GB, Tyrrell-Ford

9-h-Kyalami, ZA, 4. 11.
Lauda/Scheckter, A/ZA, March-BMW, Platz 4
Sieger Regazzoni/Merzario, CH/I, Ferrari

1973

Großer Preis Argentinien, Buenos Aires, 28. 1.
Formel-1-BRM, Ausfall (Motor)
Sieger Emerson Fittipaldi, BRAS, Lotus-Ford

Großer Preis von Brasilien, Interlagos, 11. 2.
Formel-1-BRM, Platz 8
Sieger Emerson Fittipaldi, BRAS, Lotus-Ford

Großer Preis von Südafrika, Kyalami, 3. 3.
Formel-1-BRM, Ausfall (Motor/Pleuelschaden)
Sieger Jackie Stewart, GB, Tyrrell-Ford

Race of Champions, Brands Hatch, GB, 18. 3.
Formel-1-BRM, Ausfall (Batterie, Reifen)
Sieger Peter Gethin, GB, Chevron F 5000

4-h-Monza, TW-EM, I, 25. 3.
Lauda/Muir, Alpina-BMW-Coupé, Sieger

Flugplatzrennen Aspern, A, 1. 4.
BMW 2002, Gr. 1, Ausfall (Reifen)
Sieger Dieter Quester, A, BMW 2002/Gr. 1

Daily Express Trophy, Silverstone, GB, 8. 4.
Formel-1-BRM, Platz 5
Sieger Jackie Stewart, GB, Tyrrell-Ford

Großer Preis von Spanien, Barcelona, 29. 4.
Formel-1-BRM, Ausfall (Reifen)
Sieger Emerson Fittipaldi, BRAS, Lotus-Ford

Coupe de Spa, B, 5. 5.
Alpina-BMW-Coupé, Sieger

1000-km-Spa, Marken-WM, B, 6. 5.
Lauda/Stuck, A/D, Alpina-BMW-Coupé, Platz 7
Sieger Bell/Hailwood, GB, Gulf-Mirage-Ford

Großer Preis von Belgien, Zolder, 20. 5.
Formel-1-BRM, Platz 5
Sieger Jackie Stewart, GB, Tyrrell-Ford

1000-km-Rennen Nürburgring, D, 27. 5.
Lauda/Muir, A/AUS, Alpina-BMW-Coupé
Nichtstarter (Muir Unfall im Training)
Sieger Ickx/Redman, B/GB, Ferrari

Großer Preis von Monaco, Monte Carlo, 3. 6.
Formel-1-BRM, Ausfall (Getriebe/Kupplung)
Sieger Jackie Stewart, GB, Tyrrell-Ford

Großer Preis von Schweden, Anderstorp, 17. 6.
Formel-1-BRM, Platz 13
Sieger Denny Hulme, NZ, McLaren-Ford

24-h-Nürburgring, D, 23./24. 6.
Lauda/Joisten, A/D, Alpina-BMW-Coupé, Sieger

Großer Preis von Frankreich, Le Castellet, 1. 7.
Formel-1-BRM, Platz 9
Sieger Ronnie Peterson, S, Lotus-Ford

6-h-Nürburgring, TW-EM, D, 8. 7.
Lauda/Joisten, A/D, Alpina-BMW-Coupé, Platz 3
Sieger Stuck/Amon, D/NZ, BMW CSL

Großer Preis von England, Silverstone, 14. 7.
Formel-1-BRM, Platz 12
Sieger Peter Revson, US, McLaren-Ford

Flugplatzrennen Diepholz, D, 15. 7.
Alpina-BMW-Coupé, Ausfall (Motor)
Sieger Rolf Stommelen, D, Ford Capri RS

Großer Preis von Holland, Zandvoort, 29. 7.
Formel-1-BRM, Ausfall (Reifen/Benzindruck)
Sieger Jackie Stewart, GB, Tyrrell-Ford

Großer Preis von Deutschland, Nürburgring, 5. 8.
Formel-1-BRM, Ausfall (Unfall)
Sieger Jackie Stewart, GB, Tyrrell-Ford

Großer Preis von Österreich, Österreichring, 19. 8.
Nicht am Start (Handverletzung vom Nürburgring-Unfall)
Sieger Ronnie Peterson, S, Lotus-Ford

Großer Preis von Italien, Monza, 9. 9.
Formel-1-BRM, Ausfall (Unfall)
Sieger Ronnie Peterson, S, Lotus-Ford

Großer Preis von Kanada, Mosport, 23. 9.
Formel-1-BRM, Ausfall (Differential)
Sieger Peter Revson, USA, McLaren-Ford

Flugplatzrennen Innsbruck, A, 30. 9.
Gruppe-1-BMW 2002; Klassensieger

Großer Preis von USA, Watkins Glen, 7. 10.
Formel-1-BRM, Platz 18
Sieger Ronnie Peterson, S, Lotus-Ford

Saisonfinale Österreichring, 14. 10.
Ford Capri RS, Klassensieger

1974

Großer Preis von Argentinien, Buenos Aires, 13. 1.
Formel-1-Ferrari, Platz 2
Sieger Denny Hulme, NZ, McLaren-Ford

Großer Preis von Brasilien, Interlagos, 27. 1.
Formel-1-Ferrari, Ausfall (Motor)
Sieger Emerson Fittipaldi, BRAS, McLaren-Ford

Race of Champions, Brands Hatch, GB, 17. 3.
Formel-1-Ferrari, Platz 2
Sieger Jackie Ickx, B, Lotus-Ford

Großer Preis von Südafrika, Kyalami, 30. 3.
Formel-1-Ferrari, Ausfall (Zündung)
Sieger Carlos Reutemann, ARG, Brabham-Ford

Tourenwagen-EM Salzburgring, A, 14. 4.
Lauda/Mass, A/D, Ford Capri RS, Ausfall (Motor)
Sieger Stuck/Ickx, D/B, BMW 3,0 CSL

Großer Preis von Spanien, Jarama, 28. 4.
Formel-1-Ferrari, Sieger

Großer Preis von Belgien, Nivelles, 12. 5.
Formel-1-Ferrari, Platz 2
Sieger Emerson Fittipaldi, BRAS, McLaren-Ford

1000-km-Nürburgring (Marken-WM), D, 19. 5.
Lauda/Mass, A/D, Ford Capri RS, Ausfall
Sieger Beltoise/Jarier, F, Matra

Großer Preis von Monaco, Monte Carlo, 26. 5.
Formel-1-Ferrari, Ausfall (Zündung)
Sieger Ronnie Peterson, S, Lotus-Ford

Großer Preis von Schweden, Anderstorp, 9. 6.
Formel-1-Ferrari, Ausfall (Hinterradaufhängung)
Sieger Jody Scheckter, ZA, Tyrrell-Ford

Großer Preis von Holland, Zandvoort, 23. 6.
Formel-1-Ferrari, Sieger

Großer Preis von Frankreich, Dijon, 7. 7.
Formel-1-Ferrari, Platz 2
Sieger Ronnie Peterson, S, Lotus-Ford

6-h-Nürburgring (TW-EM), D, 14. 7.
Lauda/Glemser/Hezemans, A/D/NL,
Ford Capri RS, Platz 2
Sieger Heyer/Ludwig, D, Zakspeed-Escort

Großer Preis von England, Brands Hatch, 20. 7.
Formel-1-Ferrari, Platz 5
Sieger Jody Scheckter, ZA, Tyrrell-Ford

Großer Preis von Deutschland, Nürburgring, 4. 8.
Formel-1-Ferrari, Ausfall (Unfall)
Sieger Clay Regazzoni, CH, Ferrari

Großer Preis von Österreich, Österreichring, 18. 8.
Formel-1-Ferrari, Ausfall (Ventilschaden)
Sieger Carlos Reutemann, ARG, Brabham-Ford

Großer Preis von Italien, Monza, 8. 9.
Formel-1-Ferrari, Ausfall (Motor)
Sieger Ronnie Peterson, S, Lotus-Ford

Norisring, D, 15. 9.
Ford Capri RS, Ausfall (Schaltschwierigkeiten)
Sieger Hans-Joachim Stuck, D, BMW 3,0 CSL

Großer Preis von Kanada, Mosport, 22. 9.
Formel-1-Ferrari, Ausfall (Unfall)
Sieger Emerson Fittipaldi, BRAS, McLaren-Ford

Großer Preis von USA, Watkins Glen, 6. 10.
Formel-1-Ferrari, Ausfall (Stoßdämpfer)
Sieger Carlos Reutemann, ARG, Brabham-Ford

1975

Großer Preis von Argentinien, Buenos Aires, 12. 1.
Formel-1-Ferrari, Platz 6
Sieger Emerson Fittipaldi, McLaren-Ford

Großer Preis von Brasilien, Interlagos, 26. 1.
Formel-1-Ferrari, Platz 5
Sieger Carlos Pace, BRAS, Brabham-Ford

Großer Preis von Südafrika, Kyalami, 1. 3.
Formel-1-Ferrari, Platz 5
Sieger Jody Scheckter, ZA, Tyrrell-Ford

International Trophy Silverstone, GB, 12. 4.
Formel-1-Ferrari, Sieger

Großer Preis von Spanien, Barcelona, 27. 4.
Formel-1-Ferrari, Ausfall (Unfall)
Sieger Jochen Mass, D, McLaren-Ford

Großer Preis von Monaco, Monte Carlo, 11. 5.
Formel-1-Ferrari, Sieger

Großer Preis von Belgien, Zolder, 25. 5.
Formel-1-Ferrari, Sieger

Großer Preis von Schweden, Anderstorp, 8. 6.
Formel-1-Ferrari, Sieger

Großer Preis von Holland, Zandvoort, 22. 6.
Formel-1-Ferrari, Platz 2
Sieger James Hunt, GB, Hesketh-Ford

Großer Preis von Frankreich, Le Castellet, 7. 7.
Formel-1-Ferrari, Sieger

Großer Preis von England, Silverstone, 19. 7.
Formel-1-Ferrari, Platz 8
Sieger Emerson Fittipaldi, BRAS, McLaren-Ford

Großer Preis von Deutschland, Nürburgring, 3. 8.
Formel-1-Ferrari, Platz 3
Sieger Carlos Reutemann, ARG, Brabham-Ford

Großer Preis von Österreich, Österreichring, 17. 8.
Formel-1-Ferrari, Platz 6
Sieger Vittorio Brambilla, I, March-Ford

Großer Preis von Italien, Monza, 7. 9.
Formel-1-Ferrari, Platz 3
Sieger Clay Regazzoni, CH, Ferrari

Großer Preis von USA, Watkins Glen, 5. 10.
Formel-1-Ferrari, Sieger

1976

Großer Preis von Brasilien, Interlagos, 25. 1.
Formel-1-Ferrari, Sieger

Großer Preis von Südafrika, Kyalami, 6. 3.
Formel-1-Ferrari, Sieger

Race of Champions, Brands Hatch, GB, 14. 3.
Formel-1-Ferrari, Ausfall (Bremsen)
Sieger James Hunt, GB, McLaren

Großer Preis von USA/West, Long Beach, 28. 3.
Formel-1-Ferrari, Platz 2
Sieger Clay Regazzoni, CH, Ferrari

Großer Preis von Spanien, Jarama, 2. 5.
Formel-1-Ferrari, Platz 2
Sieger James Hunt, GB, McLaren-Ford

Großer Preis von Belgien, Zolder, 15. 5.
Formel-1-Ferrari, Sieger

Großer Preis von Monaco, Monte Carlo, 30. 5.
Formel-1-Ferrari, Sieger

Großer Preis von Schweden, Anderstorp, 13. 6.
Formel-1-Ferrari, Platz 3
Sieger Jody Scheckter, ZA, Tyrrell-Ford

Großer Preis von Frankreich, Le Castellet, 4. 7.
Formel-1-Ferrari, Ausfall (Motor)
Sieger James Hunt, GB, McLaren-Ford

Großer Preis von England, Brands Hatch, 18. 7.
Formel-1-Ferrari, Platz 2
Sieger James Hunt, GB, McLaren-Ford

Großer Preis von Deutschland, Nürburgring, 1. 8.
Formel-1-Ferrari, Ausfall (Unfall)
Sieger James Hunt, GB, McLaren-Ford

Großer Preis von Österreich, Österreichring, 15. 8.
nicht am Start
Sieger John Watson, IRL, Penske-Ford

Großer Preis von Holland, Zandvoort, 29. 8.
nicht am Start
Sieger James Hunt, GB, McLaren-Ford

Großer Preis von Italien, Monza, 12. 9.
Formel-1-Ferrari, Platz 4
Sieger Ronnie Peterson, S, March-Ford

Großer Preis von Kanada, Mosport, 3. 10.
Formel-1-Ferrari, Platz 8
Sieger James Hunt, GB, McLaren-Ford

Großer Preis von USA/Ost, Watkins Glen, 10. 10.
Formel-1-Ferrari, Platz 3
Sieger James Hunt, GB, McLaren-Ford

Großer Preis von Japan, Fuji, 24. 10.
Formel-1-Ferrari, aufgegeben
Sieger Mario Andretti, USA, Lotus-Ford

1977

Großer Preis von Argentinien, Buenos Aires, 9. 1.
Formel-1-Ferrari, Ausfall (Benzineinspritzung)
Sieger Jody Scheckter, ZA, Wolf-Ford

Großer Preis von Brasilien, Interlagos, 23. 1.
Formel-1-Ferrari, Platz 3
Sieger Carlos Reutemann, ARG, Ferrari

Großer Preis von Südafrika, Kyalami, 5. 3.
Formel-1-Ferrari, Sieger

Großer Preis USA/Westküste, Long Beach, 3. 4.
Formel-1-Ferrari, Platz 2
Sieger Mario Andretti, USA, Lotus-Ford

Großer Preis von Spanien, Jarama, 8. 5.
Formel-1-Ferrari, nicht am Start (Rippenverletzung)
Sieger Mario Andretti, USA, Lotus-Ford

Großer Preis von Monaco, Monte Carlo, 22. 5.
Formel-1-Ferrari, Platz 2
Sieger Jody Scheckter, ZA, Wolf-Ford

Großer Preis von Belgien, Zolder, 5. 6.
Formel-1-Ferrari, Platz 2
Sieger Gunnar Nilsson, S, Lotus-Ford

Großer Preis von Schweden, Anderstorp, 19. 6.
Formel-1-Ferrari, aufgegeben
Sieger Jacques Laffite, F, Ligier-Matra

Großer Preis von Frankreich, Dijon, 3. 7.
Formel-1-Ferrari, Platz 5
Sieger Mario Andretti, USA, Lotus-Ford

Großer Preis von England, Silverstone, 16. 7.
Formel-1-Ferrari, Platz 2
Sieger James Hunt, GB, McLaren-Ford

Großer Preis von Deutschland, Hockenheimring, 31. 7.
Formel-1-Ferrari, Sieger

Großer Preis von Österreich, Österreichring, 14. 8.
Formel-1-Ferrari, Platz 2
Sieger Alan Jones, AUS, Shadow-Ford

Großer Preis von Holland, Zandvoort, 28. 7.
Formel-1-Ferrari, Sieger

Großer Preis von Italien, Monza, 11. 9.
Formel-1-Ferrari, Platz 2
Sieger Mario Andretti, USA, Lotus-Ford

Großer Preis von USA/Ost, Watkins Glen, 2. 10.
Formel-1-Ferrari, Platz 4
Sieger James Hunt, GB, McLaren-Ford

Großer Preis von Kanada, Mosport, 9. 10.
nicht am Start
Sieger Jody Scheckter, ZA, Wolf-Ford

Großer Preis von Japan, Fuji, 23. 10.
nicht am Start
Sieger James Hunt, GB, McLaren-Ford

1978

Großer Preis von Argentinien, Buenos Aires, 15.1.
Formel-1-Brabham-Alfa, Platz 2
Sieger Mario Andretti, USA, Lotus-Ford

Großer Preis von Brasilien, Rio de Janeiro, 29. 1.
Formel-1-Brabham-Alfa, Platz 3
Sieger Carlos Reutemann, ARG, Ferrari

Großer Preis von Südafrika, Kyalami, 4. 3.
Formel-1-Brabham-Alfa, Ausfall (Motor)
Sieger Ronnie Peterson, S, Lotus-Ford

Großer Preis von USA/West, Long Beach, 2. 4.
Formel-1-Brabham-Alfa, Ausfall (Zündung)
Sieger Carlos Reutemann, ARG, Ferrari

Großer Preis von Monaco, Monte Carlo, 7. 5.
Formel-1-Brabham-Alfa, Platz 2
Sieger Patrick Depailler, F, Tyrrell-Ford

Großer Preis von Belgien, Zolder, 21. 5.
Formel-1-Brabham-Alfa, Ausfall (Unfall)
Sieger Mario Andretti, USA, Lotus-Ford

Großer Preis von Spanien, Jarama, 4. 6.
Formel-1-Brabham-Alfa, Ausfall (Motor)
Sieger Mario Andretti, USA, Lotus-Ford

Großer Preis von Schweden, Anderstorp, 17. 6.
Formel-1-Brabham-Alfa, Sieger

Großer Preis von Frankreich, Paul Ricard, 2. 7.
Formel-1-Brabham-Alfa, Ausfall (Motor)
Sieger Mario Andretti, USA, Lotus-Ford

Großer Preis von England, Brands Hatch, 16. 7.
Formel-1-Brabham-Alfa, Platz 2
Sieger Carlos Reutemann, ARG, Ferrari

Großer Preis von Deutschland, Hockenheim, 30. 7.
Formel-1-Brabham-Alfa, Ausfall (Motor)
Sieger Mario Andretti, USA, Lotus-Ford

Großer Preis von Österreich, Österreichring, 13. 8.
Formel-1-Brabham-Alfa, Ausfall (Unfall)
Sieger Ronnie Peterson, S, Lotus-Ford

Großer Preis von Holland, Zandvoort, 27. 8.
Formel-1-Brabham-Alfa, Platz 3
Sieger Mario Andretti, USA, Lotus-Ford

Großer Preis von Italien, Monza, 10. 9.
Formel-1-Brabham-Alfa, Sieger

Großer Preis von USA/Ost, Watkins Glen, 1. 10.
Formel-1-Brabham-Alfa, Ausfall (Motor)
Sieger Carlos Reutemann, ARG, Ferrari

Großer Preis von Kanada, Montreal, 8. 10.
Formel-1-Brabham-Alfa, Ausfall (Bremsen)
Sieger Gilles Villeneuve, CAN, Ferrari

1979

Großer Preis von Argentinien, Buenos Aires, 21. 1.
Formel-1-Brabham-Alfa, Ausfall (Benzindruck)
Sieger Jacques Laffite, F, Ligier-Ford

Großer Preis von Brasilien, Interlagos, 4. 2.
Formel-1-Brabham-Alfa, Ausfall (Schaltgestänge)
Sieger Jacques Laffite, F, Ligier-Ford

Großer Preis von Südafrika, Kyalami, 3. 3.
Formel-1-Brabham-Alfa, Platz 6
Sieger Gilles Villeneuve, CAN, Ferrari

Großer Preis von USA/West, Long Beach, 8. 4.
Formel-1-Brabham-Alfa, Ausfall (Unfall)
Sieger Gilles Villeneuve, CAN, Ferrari

Race of Champions, Brands Hatch, GB, 15. 4.
Formel-1-Brabham-Alfa, Platz 5
Sieger Gilles Villeneuve, CAN, Ferrari

Großer Preis von Spanien, Jarama, 29. 4.
Formel-1-Brabham-Alfa, Ausfall (Kühlwasser)
Sieger Patrick Depailler, F, Ligier-Ford

Procar-Rennen GP Belgien/Zolder, 12. 5.
BMW Ml, Ausfall (Schwingungsdämpfer gerissen)
Sieger Elio de Angelis, I, BMW Ml

Großer Preis von Belgien, Zolder, 13. 5.
Formel-1-Brabham-Alfa, Ausfall (Motor)
Sieger Jody Scheckter, ZA, Ferrari

Procar-Rennen GP Monaco, Monte Carlo, 26. 5.
BMW Ml, Sieger

Großer Preis von Monaco, Monte Carlo, 27. 5.
Formel-1-Brabham-Alfa, Ausfall (Unfall)
Sieger Jody Scheckter, ZA, Ferrari

Procar-Rennen GP Frankreich, Dijon, 30. 6.
BMW Ml, Platz 8
Sieger Nelson Piquet, BRAS, BMW Ml

Großer Preis von Frankreich, Dijon, 1. 7.
Formel-1-Brabham-Alfa, Ausfall (Unfall)
Sieger Jean-Pierre Jabouille, F, Renault-Turbo

Procar-Rennen GP England, Silverstone, 13. 7.
BMW Ml, Sieger

Großer Preis von England, Silverstone, 14. 7.
Formel-1-Brabham-Alfa, Ausfall (Bremsen)
Sieger Clay Regazzoni, CH, Williams-Ford

Procar-Rennen GP Deutschland, Hockenheim, 28. 7.
BMW Ml, Sieger

Großer Preis von Deutschland, Hockenheim, 29. 7.
Formel-1-Brabham-Alfa, Ausfall (Motor)
Sieger Alan Jones, AUS, Williams-Ford

Procar-Rennen GP Österreich, Österreichring, 11. 8.
BMW Ml, Ausfall (Kupplung)
Sieger Jacques Laffite, F, BMW Ml

Großer Preis von Österreich, Österreichring, 12. 8.
Formel-1-Brabham-Alfa, Ausfall (kein Öldruck)
Sieger Alan Jones, AUS, Williams-Ford

Procar-Rennen GP Holland, Zandvoort, 25. 8.
BMW Ml, Ausfall (Elektrik)
Sieger Hans-Joachim Stuck, D, BMW Ml

Großer Preis von Holland, Zandvoort, 26. 8.
Formel-1-Brabham-Alfa, Ausfall
(Handschmerzen/Aufgegeben)
Sieger Alan Jones, AUS, Williams-Ford

Procar-Rennen GP Italien, Monza, 8. 9.
BMW Ml, Platz 2
Sieger Hans-Joachim Stuck, D, BMW Ml

Großer Preis von Italien, Monza, 9. 9.
Formel-1-Brabham-Alfa, Platz 4
Sieger Jody Scheckter, ZA, Ferrari

Imola, I, 16. 9.
Formel-1-Brabham-Alfa, Sieger

1982

Großer Preis von Südafrika, Kyalami, 23. 1.
Formel-1-McLaren-Ford, Platz 4
Sieger Alain Prost, F, Renault-Turbo

Großer Preis von Brasilien, Rio de Janeiro, 21. 3.
Formel-1-McLaren-Ford, Ausfall (Kollision)
Sieger Alain Prost, F, Renault-Turbo

Großer Preis von USA/West, Long Beach, 4. 4.
Formel-1-McLaren-Ford, Sieger

Großer Preis von Belgien, Zolder, 9. 5.
Formel-1-McLaren-Ford, disqualifiziert
Sieger John Watson, IRL, McLaren-Ford

Großer Preis von Monaco, Monte Carlo, 23. 5.
Formel-1-McLaren-Ford, Ausfall (Motor)
Sieger Riccardo Patrese, I, Brabham-Ford

Großer Preis USA/Ost, Detroit, 6. 6.
Formel-1-McLaren-Ford, Ausfall (Kollision)
Sieger John Watson, IRL, McLaren-Ford

Großer Preis von Kanada, Montreal, 13. 6.
Formel-1-McLaren-Ford, Ausfall (Kupplung)
Sieger Nelson Piquet, BRAS, Brabham-BMW/Turbo

Großer Preis von Holland, Zandvoort, 3. 7.
Formel-1-McLaren-Ford, Platz 4
Sieger Didier Pironi, F, Ferrari-Turbo

Großer Preis von England, Brands Hatch, 18. 7.
Formel-1-McLaren-Ford, Sieger

Großer Preis von Frankreich, Le Castellet, 25. 7.
Formel-1-McLaren-Ford, Platz 8
Sieger Rene Arnoux, F, Renault-Turbo

Großer Preis von Deutschland, Hockenheim, 8. 8.
Formel-1-McLaren-Ford, nicht am Start
(Trainingsunfall)
Sieger Patrick Tambay, F, Ferrari-Turbo

Großer Preis von Österreich, Österreichring, 15. 8.
Formel-1-McLaren-Ford, Platz 5
Sieger Elio de Angelis, I, Lotus-Ford

Großer Preis der Schweiz, Dijon (F), 29. 8.
Formel-1-McLaren-Ford, Platz 3
Sieger Keke Rosberg, SF, Williams-Ford

Großer Preis von Italien, Monza, 12. 9.
Formel-1-McLaren-Ford, Ausfall (Fahrwerk)
Sieger René Arnoux, F, Renault